Las
Siete leyes
espirituales
de los
Superhéroes

7-27-17

Las
Siete leyes
espirituales
de los
Superhéroes

*Cómo utilizar nuestro poder
para salvar al mundo*

Deepak Chopra

con Gotham Chopra

AGUILAR

FONTANAR

Las siete leyes espirituales de los superhéroes
© 2011, Deepak Chopra, con Gotham Chopra
Título original: *The Seven Spiritual Laws of Superheroes*

Publicado originalmente por HarperOne
de HarperCollins Publishers

De esta edición:
D. R. © Santillana Ediciones Generales, S.A. de C.V., 2011.
Av. Río Mixcoac 274, Col. Acacias
México, 03240, D.F.
Teléfono (52 55) 54 20 75 30

Primera edición: enero 2012.

ISBN: 978-607-11-1401-3

Diseño de cubierta: Laura Beers

Impreso en México

Índice

PREFACIO

Leí mi primer cómic o libro de historietas cuando tenía cerca de seis años de edad. Mi padre me lo dio junto con la siguiente instrucción: "Ten, lee esto. Contar grandes historias será lo más importante que aprenderás en la vida."

A pesar de lo que puede parecer obvio si se tiene en cuenta mi nombre, el cómic que me regaló no era *Batman* (Gautam, Gotama o el anglicismo Gotham, son el nombre original de Buda; no tengo idea de cómo se llegó al nombre de Gotham City[1]), y soy testigo de que sólo muy recientemente mi padre se convirtió en fanático del *Caballero de la noche*. En realidad, ese primer cómic era una historia sobre el Señor Krishna, uno de los dioses más venerados de la India.

Me fascinó.

Durante años, fui reuniendo más y más cómics viejos de la India. Aprovechaba cada viaje que mi familia hacía a la tierra de nuestros ancestros para visitar a los abuelos, quienes vivían ahí. Había cientos de esos cómics que narraban todas las grandes historias de dioses y diosas indios, reyes y reinas, invasores y libertadores, guerreros y sabios. Mis primos y yo

---

[1] El autor se refiere a la famosa "Ciudad Gótica" en que se desarrollan las aventuras de Batman. [N. del T.]

los coleccionábamos todos. Después, al llegar a la adolescencia, también fui atrapado por la moda de los cómics occidentales: *Batman, Supermán, El Hombre Araña, los X-Men* y todos los demás. Estudié a Alan Moore, Stan Lee y otros pensadores visionarios que habían trabajado en el relativamente oscuro mundo de esos relatos. Hace muchos años, llegué incluso a fundar una compañía de cómics con un buen amigo, montándonos en una nueva oleada donde incontables personajes se pusieron sus capas y trajes de malla para apoderarse de Hollywood en un dos por tres.

Entretanto, mi padre lideraba un movimiento que trataba de llevar el Oriente a Occidente, procurando que disciplinas como el yoga y el chai, e ideas como el karma y los mantras, formaran parte de la vida cotidiana. Claro que me daba cuenta de ello. ¿Cómo no hacerlo? Aparecía en el programa de Oprah. Elizabeth Taylor y Michael Jackson cenaron en nuestra casa. Sus *bestsellers* pagaron mi educación universitaria.

Pero entonces nuestros mundos comenzaron a cruzarse. En una clase universitaria de cine, volví a ver *La guerra de las galaxias*. "Usa la fuerza, Luke...", algo me hizo reparar en esa frase. También me sucedió con Morpheus, en *Matrix*: "El mundo es una ilusión."

Más recientemente, *Héroes, Lost, Batman: El caballero de la noche* y muchísimos otros programas icónicos de la televisión y el cine, retomaban varias de las ideas entretejidas en los libros de mi padre durante los últimos veinte años. Y se trata de una avenida de doble circulación. Hace un par de años, en la Convención del Cómic de San Diego, facilité un diálogo entre mi padre y el icono de los cómics, Grant Morrison; un miembro de la audiencia planteó entonces a mi padre una pregunta sobre la "conciencia cuántica". Él me miró con los ojos grandes como platos y sonrió. Sabía lo que él pensaba: estaba entre los suyos.

En relación con eso, me encontraba hace poco con mi padre (siendo yo mismo papá ahora) y discutíamos sobre la percha tambaleante en que nuestro planeta parece estar equilibrado. Recordé que él me había iniciado en el mundo de los cómics, diciéndome que tendrían un papel central como parte de *lo más importante que aprendería en la vida.*

Esta vez no me iba a perder la oportunidad de descubrir a qué se refería.

Gotham Chopra

Introducción

Cuando mis hijos Mallika y Gotham estaban creciendo, teníamos un ritual que realizábamos cada noche antes de dormir. Les contaba una historia casi siempre relacionada con algún relato mítico en que el bien se enfrentaba al mal, un relato sobre las fuerzas de la naturaleza o fábulas con animales parlantes. En el momento climático de la historia, cuando el personaje central debía confrontar a sus enemigos, librar algún reto de consideración o tomar una decisión crítica, detenía mi narración. Les pedía que soñaran el final por la noche, haciendo hincapié en que debía ser tan dramático como fuera posible. Gracias a estas instrucciones, se iban a dormir con un espíritu de aventura. Por la mañana, cuando despertaban y se metían a nuestra cama, les pedía que me hablaran de sus sueños. Escuchaba pacientemente mientras narraban las odiseas que habían generado. Me llamaba la atención lo fértil que eran sus imaginaciones y también me maravillaba ante los magníficos viajes que tenían lugar durante sus horas nocturnas. Con frecuencia, sus relatos me recordaban los grandes mitos de la humanidad —esas historias épicas en que el bien enfrenta al mal, con romances y drama, con traición, lealtad, conflicto, conquista, virtud, vicio y muchas otras emociones y experiencias que ellos no habían experimentado aún en su joven vida. ¿Abrevaban sus mentes inocentes en la honda reserva del imaginario colectivo? El gran psicólogo suizo Carl Jung nos puso al tanto del inconsciente colectivo y de sus símbolos arquetípicos. Los mitos existen en este "campo akásico", un plano no local de la existencia en que la información, y en este caso la imaginación colectiva, es conservada para recrearse generación tras generación. Los mitos constituyen nuestra máxima aproximación posible a la conceptualización de lo no conceptual: el infinito. Son la más alta expresión de lo finito, de la lucha por articular el infinito. Estos relatos son tan primordiales que capturan lo trascendente y luego lo disimulan en el principio, la mitad y el final de las historias. Las narraciones suelen ser semejantes, pero adquieren máscaras y disfraces modernos. Tienen una trama simple y personajes atractivos, y suelen representar la eterna lucha entre el bien y el mal, lo sagrado y lo profano, lo divino y lo diabólico. Los buenos siguen ganando, pero nunca ganan del todo. Los malos siempre pierden, pero ocasionalmente dan la impresión de haber ganado. En realidad, ninguno de los bandos gana o pierde, y la historia jamás llega a su fin. Esta es la danza de la creatividad y la inercia, de la evolución y la entropía.

Luego, conforme los chicos crecían, cuando viajaba a mi ancestral tierra natal en la India, les traía maletas llenas de cómics locales que contaban, una vez más, las grandes épicas de nuestra herencia india. Por supuesto que esto estimuló nuestra imaginación todavía más, dado que las grandes historias de incontables dioses y diosas, emperadores y conquistadores, eran vivamente retratados en las páginas de estos cómics. Me gusta pensar que todo esto desempeñó un papel muy importante en el hecho de que, tanto Mallika como Gotham, crecieron para convertirse en grandes contadores de historias. Cuando estaba en la preparatoria, Gotham nunca fue de los alumnos con notas más altas, pero su creatividad era notoria; esta tendencia continuó durante sus estudios universitarios, realizados en la Universidad de Columbia, en la ciudad de Nueva York. Como siempre, elegí concentrar mi apoyo en esas áreas que a él le interesaban en lugar de preocuparme por las calificaciones que obtenía en materias que, aparentemente, no le interesaban. Alenté sus exploraciones académicas en los temas de religión comparada, literatura y cine. Tras graduarse, él y su amigo Sharad Devarajan tuvieron la idea de reimaginar algunas historias indias relatadas en aquellos viejos cómics, para traerlos de vuelta al mundo.

Comenzaron a reclutar jóvenes escritores y artistas en la India; uno de ellos se llama Jeevan Kang, autor de las ilustraciones artísticas originales realizadas para este libro. Al igual que Jeevan, estos rebeldes eran, en casi todos los casos, jóvenes que de otro modo hubieran terminado colaborando externamente para los grandes conglomerados de estudios occidentales. En lugar de ello, les emocionaba la idea de poner a trabajar su músculo creativo y soñar con nuevos personajes e historias. Pronto Gotham y Sharad se acercaron a sir Richard Branson en busca de apoyo financiero, y juntos conformaron una compañía editora de cómics llamada Virgin Cómics. Después de años invertidos en construir la compañía con el grupo Virgin, Gotham y Sharad son accionistas mayoritarios de lo que ahora se llama Liquid Cómics (www.liquidcomics.com). Gotham, Sharad y los creadores que han organizado, producen grandes mitos modernos y están desarrollando sus historias más allá de la página, en los dominios digitales, por medio de largometrajes, juegos de video y otros más. Algunos de sus proyectos han sido realizados en colaboración con cineastas como John Woo, Guy Ritchie, Shekhar Kapur, Wes Craven y otros.

Este libro es una evolución, una culminación, la amalgama de todo lo anterior. En más de un sentido, es para mí la suma de muchos años de pensamiento, exploración, comprensión de la conciencia y de la generación de mitos, fundiéndose con las exploraciones de Gotham y de una nueva generación de creadores y narradores. Me enorgullece pensar que, una vez más, al igual que muchos años atrás, comencé historias llenas de elementos arquetípicos y personajes y, ahora, soy testigo de cómo mi hijo y sus socios las llevan a nuevas alturas. Esto coincide con mi idea de que los verdaderos mitos y los personajes que los habitan, nunca son generados por un solo creador, provienen de esos campos universales que equivalen a eones de sueños humanos, aspiraciones, temores e imaginerías, y están en constante transformación y evolución.

Este libro es la historia de cómo se conforman los mitos modernos y de la creación de superhéroes que trascenderán toda identidad nacional y étnica. Estos superhéroes necesitan desesperadamente resolver nuestras actuales crisis en un mundo lleno de conflictos, terrores, guerras, ecocidios e injusticias sociales y económicas. Los personajes y las cualidades generadas y descritas son especiales y pioneras; se trata de la síntesis de mi propia reflexión y de la comprensión de Gotham y su generación, que han sido inspirados emulando a los más grandes superhéroes, tanto de Oriente como de Occidente, desde Buda hasta Batman.

Las siete leyes espirituales de los superhéroes fue inspirado por mi libro *Las siete leyes espirituales del éxito*. He tratado de conservar la esencia de ese libro para aplicarla a las siguientes generaciones de exploradores espirituales. Este libro también trata de mi propio viaje personal emprendido cuando enseñaba a Gotham las historias de los superhéroes de la India, aprendiendo a la vez de él respecto de los superhéroes de Estados Unidos. Durante los últimos años, ambos hemos hablado frecuentemente y participado en el encuentro San Diego Comic-Con, en paneles de discusión con otros creadores de mitos fantásticos, incluyendo al legendario Stan Lee, creador del Universo Marvel, y a Grant Morrison, el escritor más prolífico en la industria del cómic de nuestros días.

Los nuevos superhéroes deben expresarse en el lenguaje de los tiempos actuales y hablar a una nueva generación, aunque no pueden pertenecernos en exclusiva ni podemos imponerles límites. Vivimos tiempos peligrosos que nos presentan constantes encrucijadas. Por una parte, nos arriesgamos a nuestra propia extinción y a la destrucción de nuestro planeta por la combinación devastadora de los antiguos hábitos tribales con las modernas tecnologías, que nos han dado la capacidad de acabar varias veces con todo ser vivo en el planeta. Por otra parte, también poseemos un sistema nervioso a través del cual el universo se hace consciente de sí mismo. Más que nunca, tenemos los medios y la visión para crear un nuevo mundo en que la actual supervivencia de los más aptos pueda evolucionar hasta convertirse en una supervivencia de los más sabios. El camino que elijamos determinará nuestro futuro. La elección dependerá de las cualidades a las que aspiremos, cualidades que podemos identificar y emular a partir de algunos de los grandes héroes y heroínas que han poblado hasta ahora las leyendas y la sabiduría popular de nuestra civilización.

No es coincidencia que, en nuestros tiempos, los superhéroes hayan capturado la imaginación cultural mucho mejor que antes. Por todas partes, uno se encuentra con que los superhéroes y lo sobrenatural se han convertido en una parte dinámica de nuestra conversación cotidiana. Los superhéroes están dotados con poderes mágicos que retan las leyes del espacio y el tiempo, ofreciéndonos la visión de un mundo que puede cambiar. Los superhéroes exploran los límites de la energía, de la conciencia, y nos permiten comprender mejor nuestro potencial.

Es por eso que, en mi opinión, los superhéroes pueden ayudarnos a salvar el planeta de una forma muy real. Más importante aún es que nosotros mismos podemos convertirnos en esos superhéroes. En las siguientes páginas, trataré de unir los puntos de coincidencia que existen entre las antiguas tradiciones de sabiduría, tal y como las he comprendido a lo largo de mi vida, y los superhéroes que llenan las modernas mitologías de hoy. En Batman veo cualidades parecidas a las de Buda. En Supermán, seguro existen atributos que también definen al Señor Shiva. Sin embargo, más allá de eso, existen nuevas fronteras que pienso que necesitamos alcanzar. No sólo debemos reconocer en estas docenas de personajes ciertas cualidades aspiracionales que preexisten latentes en nosotros, sino nutrirlas con los poderosos ingredientes de la intención, la atención y la acción, de manera que seamos capaces de crear un nuevo elenco de personajes. Estos personajes estarán en contacto no sólo con su viejo yo, sino también con su yo-sombra, teniendo así mayor comprensión de la relación entre todas las cosas. Si tenemos éxito, el resultado derivará en un mapa que nos permitirá vivir de acuerdo con todo nuestro potencial, descubriendo al superhéroe que llevamos dentro para reescribir así la historia de la humanidad.

Deepak Chopra

1

LA LEY DEL EQUILIBRIO

El equilibrio es interacción entre ser, sentir, pensar y hacer. Los superhéroes integran estas cuatro etapas de la existencia en la turbulencia del mundo y la actividad cotidiana; al hacerlo, son capaces de solucionar creativamente cualquier reto que enfrentan, creando así una atmósfera de poder y amor dondequiera que se encuentren. Como resultado, el superhéroe ideal es maestro en artes marciales que, en esencia, son disciplinas espirituales.

Recientemente he descubierto que preguntar a la gente cuál es su superhéroe favorito es como preguntar si se prefiere a la madre o al padre. Se trata de una pregunta imposible de responder y conlleva gran peligro. Mi hijo me informó que los dos editores de cómics más importantes —Marvel y DC Comics—suman entre cinco mil y diez mil personajes entre los cuales escoger.

"Eso incluye héroes y villanos, aunque algunos cambian de bando en ocasiones ", dijo. "Es común que ciertos héroes se tornen destructores o se vuelvan villanos hasta el punto de la autoaniquilación." Me brindó algunos ejemplos: Wolverine, Punisher y Hulk.

"¿Y qué hay de Batman?", pregunté demostrando mi poco conocimiento del tema, pero deseoso de continuar la conversación.

"Tiene sus momentos", respondió Gotham.

"Dame un ejemplo", lo insté.

Pensó la respuesta por un momento y luego dijo: "Llaman a Batman *Caballero de la noche* porque, aunque es protector de los necesitados, defensor de la justicia, dador de luz por el hecho de ser superhéroe, en realidad la oscuridad —las sombras y temores— es su guía.

"Se trata del recuerdo de una infancia tortuosa, agravada por la tragedia y anclada en el temor de quedar aislado, en la angustia de sentir que su vida carecía de sentido. No importa qué actos heroicos realice Batman ni cuántos triunfos logre, su pasado trágico siempre termina entrometiéndose en sus actos. Incluso sus grandes adversarios —como Guasón y Acertijo— reflejan su caos contenido. Así, sus pesadillas y temores no resueltos cobran vida, pues en estos personajes se advierten las mismas cualidades que pueden convertirse en una peste si son desatendidas. Él podría convertirse en ellos. Está al filo de la navaja, en constante riesgo. Es tentado por la oscuridad pero rara vez cae en la trampa."

"¿Está consciente Batman de todo esto?", pregunté impresionado.

Gotham asintió: "A Batman lo gobierna la angustia."

Ahí estaba ya. Siguió adelante narrando una de sus historias favoritas de la vastísima colección del mito de Batman.

"Se llama *Guerra contra el crimen*. Batman encuentra a un joven cuyos padres han sido asesinados en un ataque violento. Para Batman, esto constituye un recuerdo de su propio pasado trágico cuando, siendo niño y adoptando su álter ego de Bruce Wayne, fue testigo de cómo disparaban y mataban a sus padres, aparentemente en un acceso de locura criminal inducido por la droga. Años después, Batman conoce muy bien la oscuridad que este niño tuvo que enfrentar cuando creció sin el cuidado de sus padres. Al reflexionar sobre la naturaleza de esa oscuridad —desde los húmedos callejones de Ciudad Gótica hasta las oficinas corporativas preñadas de avaricia y gula— Batman observa al joven huérfano que camina al filo de la navaja, tanto que un paso en falso podría fácilmente llevarlo a una vida de crimen, conflicto y autoaniquilación.

"No es que los momentos trágicos definan nuestras vidas", dijo Gotham, citando la famosa línea de Batman en *Guerra contra el crimen*. "Nuestra vida es definida por las decisiones que tomamos para enfrentar esas tragedias. Es bastante bueno, ¿no te parece?". Sonrió.

"Sí", asentí. "No está nada mal."

Las grandes historias de los superhéroes nos pertenecen. Son metáforas para los retos y conflictos que enfrentamos en nuestras propias vidas; tratan de esos poderes o sabiduría interna que debemos extraer del interior para superar esos retos y evolucionar continuamente.

La lucha que emprende Batman en las calles y callejones de su ciudad, es la misma que nosotros enfrentamos en nuestras vidas. El medio ambiente del relato, los personajes y la trama se combinan para crear historias mitológicas importantes sobre el enfrentamiento entre el bien y el mal, pero la lucha de estos héroes hace eco en nuestra propia experiencia. En nuestras vidas, estas luchas adoptan la forma de conflictos con quienes amamos o con las personas que trabajamos; estamos ante dilemas espirituales y éticos que arden por el choque entre ciencia y espiritualidad. Son como una angustia existencial proveniente de la tecnología que nos rodea, siempre en constante evolución. Todos nosotros, simples mortales, somos sujetos de esos torrentes de cambio. Tantos de nosotros estamos enfrascados en tratar de perseguir y acomodar el "significado" de las cosas, que sin darnos cuenta adoptamos una visión rígida y estática del mundo.

No obstante, podemos aprender de los superhéroes que hemos creado juntos. Desde sus pruebas y triunfos, desde sus fortalezas y debilidades, podemos aprender a ver el desarrollo de las batallas en que intervenimos. Si logramos aprovechar sus habilidades, descubriremos un mundo de sabiduría y una guía para la vida que tiene profundas implicaciones en la transformación global e individual. Estas habilidades constituyen la clave para maximizar nuestro potencial como individuos, y para mejorar colectivamente al mundo, realizando una acción a la vez. Y la ley del equilibrio es el único sitio en donde podemos comenzar.

Los superhéroes saben que la única forma de vencer cualquier reto consiste en acudir a su interior. Comprenden que el equilibrio es el ingrediente clave para identificar cualquiera de sus superpoderes, flexibilizándolo para después permitir que tenga su máximo efecto. En las antiguas tradiciones de sabiduría, existe el dicho de que la medida de toda iluminación propia es el grado de comodidad que sentimos ante la paradoja, la contradicción, la confusión y la ambigüedad. Friedrich Nietzsche parecía estar de acuerdo con ello cuando escribió: "Debes albergar el caos en tu interior para dar a luz una estrella que baila." Esto es lo que los grandes superhéroes hacen. Se conectan con su conciencia interior y reconcilian las fuerzas opositoras de su vida. Permanecen centrados y actúan desde ese lugar de fuerza y equilibrio.

Los superhéroes están en su elemento cuando hay confusión y caos, porque sin importar cuánta locura los rodea, ellos siguen firmes en sus creencias. Comprenden instintivamente que la vida es confluencia de significado, relaciones y contexto. Los superhéroes reconocen que, para encontrar armonía, debemos equilibrar todo lo que nos rodea. En suma, los superhéroes equilibran las fuerzas de la luz y la oscuridad, de la ira y la serenidad, de lo sagrado y lo profano, y partiendo de esa base conforman una identidad poderosa y llena de propósitos.

El equilibrio no sólo proviene de la habilidad principal consistente en descubrir un balance en todas las fuerzas opuestas del universo, sino también de la capacidad para reconocerlas y aprovecharlas. El cosmos mismo es una colección de todas las fuerzas que han existido en el espacio y en el tiempo. La luz y la sombra, el bien y el mal, lo divino y lo diabólico, el pecador y el santo, y todas las demás parejas de energías opuestas que saturan el universo, constituyen la sangre que corre por nuestras venas y que anima nuestros actos. Es el flujo y hasta el choque de estas fuerzas y energías lo que genera la vida misma. La historia de la civilización humana es otro ejemplo de esto, pues representa los contrastes existentes dentro de la humanidad. Por cada Gandhi existe un Hitler. Por cada movimiento provocado por el odio, existe otro positivo que lo contrarresta y contrasta con él. Esta fricción y el subsecuente balance entre fuerzas opositoras constituyen los cimientos de nuestra existencia en curso. Nosotros mismos somos una amalgama de estas energías y fuerzas. ¿Alguna vez te has sentido tan consumido por la ira y la frustración que sientes deseos de golpear una pared o aventar el control remoto hasta el extremo de la habitación? Entonces has sentido la rabia del increíble Hulk o de Wolverine. ¿Alguna vez has experimentado la necesidad de vengarte de alguien que te ha hecho mal? Es el mismo sentimiento de venganza que anima a Batman, a Punisher y a Daredevil. Si estas emociones te son familiares, ya has participado de la narrativa que anima a los superhéroes.

Ahora llevemos las cosas al siguiente nivel. ¿Qué hacer para mantener el equilibrio conscientemente en nosotros mismos, y para generar nuestras elecciones partiendo del dominio de la conciencia? ¿Cómo actuar valiéndonos de intenciones sensatas y no reaccionando ante las emociones y demandas que nos rodean? ¿Cómo encontrar la paz en nuestra vida cotidiana para lograr que se refleje en nuestras acciones? ¿Cómo asegurarnos de que nuestro camino en la vida es evolutivo?

El principio de la respuesta consiste en mantener la sobriedad. En este caso, sobriedad significa estar centrado y tener total claridad de conciencia. Así como Batman avizora el futuro para el huérfano de *Guerra contra el crimen*, al estar anclada en la sobriedad, la persona adquiere el poder de tomar decisiones claras y eficientes.

Los superhéroes como Batman nunca ceden ante nada que implique una disminución en la calidad de su atención. No se adentran en estados alterados de conciencia que modifican su claridad física y mental. Por el contrario, permanecer en todo momento sobrios y emocionalmente frescos y vitales, les permite existir en estados expandidos de conciencia, en que ninguna tensión o malestar los inquieta demasiado tiempo. Las experiencias reales de alegría, éxtasis y amor sólo pueden conocerse en estados elevados de conciencia. Estas experiencias surgen de la conexión con el Ser verdadero, el Ser trascendente (que discutiremos en un uno de los capítulos siguientes). Las características de este Ser trascendente son las mismas que hay en la naturaleza. El estado natural del universo es el equilibrio, ya se trate de la ecología, las estaciones del año o los cuerpos físicos y su metabolismo. Cuando algo pierde el equilibrio, la naturaleza busca espontáneamente restaurar el balance para evolucionar sin pausa. Sólo se puede detener este proceso de restauración natural cuando lo inhibimos al introducir una toxicidad artificial al sistema.

Los superhéroes están anclados en la claridad total. Dado que este estado de claridad es tan importante para ellos, hacen todo lo necesario para nutrirlo y mantenerlo. Adoptan hábitos que promueven la buena salud física y mental. Cultivan el bienestar físico por medio del ejercicio regular y la buena nutrición, cuidando ingerir los alimentos que mejor le van a sus cuerpos y los hacen sentir con más energía. Por lo tanto, en todo momento están alerta y mantienen el bienestar mental. El primer paso consiste en asegurarse de que el sueño y el descanso son buenos y de que la relación mente-cuerpo permanece en un nivel óptimo, lo que se logra con las artes marciales, el yoga, la meditación y las técnicas de respiración.

El bienestar emocional es fundamental para que los superhéroes mantengan la conciencia al cien por ciento. Esto se consigue por medio de relaciones sanas y estando libres de toxinas emocionales como la hostilidad, el resentimiento, el temor, la culpa y la depresión.

La hostilidad es dolor recordado y deseo de revancha.

El temor es la anticipación al dolor venidero.

La culpa es el dolor que dirigimos a nosotros mismos cuando nos reprochamos.

La depresión es el vaciamiento de energía que resulta de todo lo anterior.

Los superhéroes permanecen libres de estas emociones tóxicas al no negar el dolor emocional, sino estando en contacto con él y superándolo. Comprenden que cualquier historia, incluyendo la suya, no puede definirse en términos de bondad absoluta, puesto que todo lo que carece de un contraste básico —la fricción entre el bien y el mal, la luz y la sombra— se torna banal y condena a la persona a una completa inercia. Por el contrario, los superhéroes (o individuos) más dinámicos y poderosos pueden equilibrar las fuerzas de la luz y la sombra en su propio ser, navegando a través de las sombrías regiones de sus temores, ira y emociones oscuras; para luego encauzarlas hacia actividades más constructivas y compasivas.

Gracias a su claridad de conciencia, los verdaderos super-héroes asumen la responsabilidad de todas las experiencias dolorosas sin desempeñar el papel de víctimas. Son capaces de entrar en contacto con su dolor y sentimientos valién-dose de la exquisita conciencia de las sensaciones corpora-les, que reflejan estados emocionales. Para los superhéroes, es trascendente la habilidad de localizar emociones y sen-timientos en el cuerpo, la capacidad de definirlos, de expre-sarlos para sí mismos sin culpar a otros y compartirlos con los amigos cercanos. También saben liberar esas emociones y sentimientos por medio del ritual consciente que les per-mite seguir adelante y celebrar la libertad que se obtiene al no aferrarse a experiencias pasadas, evitando así convertirse en víctimas. De hecho, al estar libres de toxinas emocionales, los superhéroes liberan una inmensa energía que pueden adaptar a su evolución personal y a la de la comunidad.

• • •

Con, y a partir de ese estado de conciencia, los superhéroes pueden integrar los cuatro niveles principales de la existencia: ser, sentir, pensar y hacer. La atención consciente en estos niveles permea todo acto y toda intención de los superhéroes y les permite ser los mejores.

El primer nivel de la existencia es *ser*. Implica conciencia equi-librada. Al igual que ellos, nuestra meta es encontrar la quie-tud inconmovible en nuestro propio ser, entre la turbulencia y el caos que nos rodea. No importa cuánta locura, tensión o actividad ensordecedora exista —física o emocionalmente—, debemos hallar la manera de entrar en contacto con la quietud que habita en nuestro interior.

El segundo nivel de la existencia es *sentir*. Equivale a ser absolutamente precisos en nuestras acciones, sin distraernos por impulsos tóxicos que disminuyen nuestro poder, como ira, hostilidad, deseo de venganza, celos y miedo. Hay crueldad en este tipo de autoenfoque. No se trata de algo no empático, sino del simple hecho de que existe una precisión disciplinada en la conciencia total de nuestros sentimientos. Estar en contacto con nuestra conciencia emocional, nos asegura que toda intención proveniente de ella está enraizada en el equilibrio emocional. Sentir también significa extirpar la necesidad de tener razón y la de darnos importancia. Los superhéroes nunca son necios o egoístas.

El tercer nivel de la existencia es *pensar*. La forma más alta de pensamiento es la creatividad. Esto implica la revelación de que no existe un problema que no pueda ser solucionado por medio de la creatividad. Este pensamiento debe estar alineado con nuestros más altos ideales y valores, como verdad, bondad, armonía y evolución espiritual. Cuando elegimos acciones deliberadas y actuamos partiendo de ese dominio que nos provee de equilibrio emocional, el resultado será transformacional y positivo.

El cuarto y último nivel de la existencia es *hacer*. En más de un sentido, es la culminación de las primeras tres etapas de la existencia, y significa surgir de los estadios más reflexivos para entrar en acción. Por supuesto, las acciones deben estar alineadas con nuestro ser, sentir y pensar. Esto sucede espontáneamente cuando tomamos en cuenta la retroalimentación, cuando nos mostramos decididos y dispuestos a asumir riesgos calculados. Intuitivamente, cuando llegue el momento apropiado para actuar, sabremos qué hacer y lo haremos impecablemente, con la intención de obtener un bien mayor. Luego, encomendaremos a lo desconocido el resultado final de nuestros actos, con una actitud de completo desapego.

Cuando estos cuatro niveles de la existencia se armonizan entre sí, nuestros actos, conducta y presencia lo demuestran. Cada parte de nosotros —desde nuestro sentido del yo, pasando por la interacción con los demás y las contribuciones que hacemos al mundo— se integra y equilibra espontáneamente, y los resultados son reales y sustantivos. Las decisiones fluyen sin esfuerzo. Nuestras intenciones personales están alineadas con la evolución básica de la naturaleza. Nos conducen a tomar decisiones que nos satisfacen desde el punto de vista de la intuición y generan sincronización o coincidencias significativas. La inteligencia universal —esa inteligencia más profunda que todo lo abarca y anima la naturaleza entera, incluyéndonos— fluye a través de nosotros. Nuestras intenciones son las mismas del universo. Cuando actuamos desde ese pacífico y quieto sentido del yo, no encontramos resistencia que no pueda ser fácilmente superada.

En el caso de los superhéroes, están en mejores condiciones cuando operan desde este nivel de atención equilibrada en que sus propias emociones internas (sentimientos) —incluso cuando se originan en emociones fieras y profundas— se integran con los niveles del ser y el pensar. El resultado es un súper-hacer. Batman es el protector de Ciudad Gótica. Supermán guarda Metrópolis. Hacen lo correcto en el momento preciso y exactamente como se necesita para proteger a quienes lo requieren.

Ni siquiera los superhéroes son perfectos todo el tiempo. De hecho, personajes de enorme calibre han tenido fracasos épicos respecto al equilibrio. Igual que nosotros, en sus peores momentos pueden convertirse en una especie de granadas emocionales a punto de estallar. Zeus, el rey de los dioses y el más poderoso del antiguo panteón griego, fue legendario por su ira y su tendencia a arrojar rayos a quienes lo irritaban. El Señor Shiva, su contraparte india, fue conocido como "el destructor del universo"; con un solo parpadeo de sus ojos trajo una etapa de oscuridad semejante al apocalipsis.

Y qué decir de un "súper-ser" conocido por su ira incontrolable y su locura: Dios mismo. A lo largo de todo el Antiguo Testamento, Dios es un ser fiero y genocida que exige sacrificios a sus más devotos seguidores (como Abraham) y castiga a muchos otros (como Saúl) por ofensas aparentemente inocuas, incluso cuestionables. El hecho importante radica en que, sea como sea, el Dios vengativo y cáustico del Antiguo Testamento se muestra compasivo y piadoso en el Nuevo Testamento. El maligno, celoso, vengativo y hasta homicida Dios del Antiguo Testamento no es alguien con quien quisiéramos tomarnos una taza de té, pero el Dios nuevo y mejorado del

Nuevo Testamento es poderoso y gracioso; se hace cargo de las cosas y nos apoya al mismo tiempo. Y por supuesto que se trata de alguien a quien querríamos llevar a casa para cenar. Todas las mitologías religiosas y espirituales están llenas de personajes semejantes: dioses y diosas llenos de paradojas y contradicciones cuya ira no conoce límites, pero que de todas formas se muestran benévolos al bendecirnos, al producir milagros, y conceder redención y revelación. ¿Por qué? Porque Dios es como somos nosotros. De hecho, es nuestro más puro instinto para conocernos, una proyección de nuestro propio inconsciente. Como los superhéroes, sus imperfecciones son las nuestras. Su búsqueda de equilibrio es nuestra búsqueda.

Rama es el antiguo superhéroe que se encuentra en el corazón de la epopeya más importante de la India: el *Ramayana*. Él es la encarnación de Dios en la tierra y trata de rescatar a su esposa, la diosa Sita, de las malignas garras del demonio, Señor Ravan. La manifestación física de Ravan abunda en la oscuridad y el vicio —tiene tumores, piel infectada, muchas cabezas y rostros verdaderamente grotescos. Raptó a Sita con la esperanza de que su divinidad y fertilidad lo ayudaran a regenerar no sólo su ser, sino el ambiente apocalíptico en que existe.

Para rescatar a Sita, Rama encabeza un ejército contra las hordas del demonio Ravan, pero antes de la batalla apocalíptica, los consejeros espirituales de Rama le recomiendan, para garantizar la victoria, invocar a todos los elementos y las fuerzas del universo, luego dominarlas, de manera que Rama pueda utilizarlos en la batalla de su vida. Pero también, continúan los consejeros espirituales de Rama, necesitará al sabio más refinado y con conciencia expandida para conducirlo a lo largo de un ritual. No puede tratarse de un hombre ordinario ni de un oficial religioso, sino de una persona que, efectivamente, sepa invocar a esta multitud de fuerzas habiéndolo hecho con anterioridad. En el caso de Rama, identifican a un único ser calificado para la empresa: Ravan. De hecho, no debería sorprender a Rama el que su archienemigo, el ser maligno más poderoso del universo, sea lo que es, precisamente porque ha aprendido a mandar sobre los elementos y las fuerzas del universo.

Así que Rama hace lo impensable: antes de la guerra, invita a que Ravan haga el ritual para él. Ravan asiste. Por supuesto, no sólo es la encarnación de todo mal, sino también el ser más sabio, un maestro de los siete chakras, que constituyen el origen del poder verdadero, tanto físico como espiritual. Ravan acepta realizar el ritual para Rama poniendo una sola condición. Rama está confundido, no sólo porque su enemigo parece dispuesto a ayudarlo, sino porque no sabe qué puede ofrecer a Ravan a cambio de sus servicios. El demonio tiene a su esposa Sita. Rama ya había perdido su reino y está a punto de hacerse a la guerra contra la más grande fuerza del mal en todo el universo. Parece que tiene poco que ofrecer.

Ravan sonríe. "Al final de nuestra guerra", dice, "en el penúltimo momento, tú y yo nos enfrentaremos, el bien contra el mal. Cuando llegue ese momento final, prométeme que la flecha que atravesará mi corazón será disparada por ti y por nadie más. Quiero que Dios me mate. Porque ese último golpe será mi redención. Tu justicia equilibrará mi ira. Tu sobriedad equilibrará mi locura. Alumbrarás mi sombra."

Rama acepta.

Para decirlo con simplicidad, la sombra es la parte diabólica de nuestra alma. En los dominios de los superhéroes, la sombra suele aparecer bajo la figura del supervillano, pero no te dejes engañar. En realidad, el supervillano es sólo el superhéroe saboteado por un desequilibrio en el yo. Mientras la divina energía de nuestro interior busca la evolución, la creatividad y un mayor nivel de conciencia, la energía de la sombra diabólica en nuestro interior es destructiva, divide y provoca el autosabotaje.

Los superhéroes combaten esto con la convicción de que todos tienen una sombra, incluso ellos mismos. Afirmar que no se tiene sombra resulta una negación de su existencia; equivale a estar en total oscuridad, aislado del mundo. Si vives en la luz, como hacen los superhéroes, entonces siempre serás capaz de ver tu sombra. Sabiendo esto, la luz brillante de nuestra conciencia superior puede estar atenta a cualquier intento de sabotaje de la sombra.

La sombra rara vez se da por vencida. Incluso cuando parece derrotada, se trata solamente de una retirada, como la de un supervillano para reagrupar sus fuerzas y trazar un nuevo plan. Esto se debe a que su naturaleza consiste en arrasar las condiciones en que tiene lugar la evolución. De esta manera, si ignoras a tu sombra o crees que la has conquistado, se fortalecerá y será más agresiva. No sólo te avergonzará, buscará aniquilarte. Los superhéroes caídos han permitido que su sombra se lleve la victoria. El equilibrio entre las fuerzas de la luz y la sombra ha sido pervertido de continuo y la decadencia de la oscuridad abruma. La mitología de los cómics está llena de historias que lo demuestran: relatos de héroes y heroínas corrompidos por su propio poder e infectados por sus egos. En un momento dado, un oscuro simbiote posee al heroico Hombre Araña. La sombra provoca el surgimiento de sus más oscuros impulsos, tornándolo arrogante, vengativo y egoísta. Su traje rojo y azul tradicional llega a ennegrecerse por completo, pues ya es cautivo de una persona sombría. Pero después, el Hombre Araña, valiéndose de su propia conciencia, logra resistir estas cualidades sombrías y se libra del simbiote. Éste ocupa a otro ser y se convierte en uno de los archienemigos del Hombre Araña, conocido como Venom, quien siempre está acosándolo y le recuerda al gran superhéroe en qué se convertiría si se rindiera a su yo sombrío.

La sombra es primitiva. Le gusta el secreto y vive en la vergüenza y la culpa. Gusta de esconderse y aparecerse constantemente. Se oculta en los pasajes secretos, en los callejones oscuros, en los calabozos y buhardillas llenos de fantasmas de nuestra psique. Campo fértil para el surgimiento y crecimiento de las sombras son las condiciones abyectas: pobreza, liderazgo deficiente, mentalidad de "nosotros contra ellos", represión, privación, injusticia social, tortura, moral juzgadora, supresión del deseo, miedo, conflicto. Estas circunstancias o situaciones decadentes aparecen con frecuencia en las mitologías urbanas descritas desde Sodoma y Gomorra hasta Sin City y Ciudad Gótica. Pero, en realidad, se trata de esas zonas de nuestro ser, las más solitarias, que visitamos muy pocas veces. Los superhéroes están al tanto de todo esto y siempre tratan de evitar situaciones que pueden echar a andar la energía de la sombra.

Más aún, los superhéroes reconocen sus sombras, entran en contacto con ellas, incluso las abrazan antes de perdonarlas y, luego, las hacen trabajar en algo creativo. De hecho, los superhéroes comprenden que, bien manejada, la sombra puede convertirse en nuestra mejor aliada. La mayoría de la gente se siente culpable y avergonzada cuando confronta a su sombra y, por lo tanto, hace su mejor esfuerzo para mantenerla encerrada y suprimir cualquier indicio de ella. Obviamente, esto sólo reta a la sombra, haciéndola surgir cuando menos se desea. Pero los superhéroes han trascendido estos tabúes. Saben que sin el contraste —sin lo caliente y lo frío, sin el placer y el dolor, sin la oscuridad y la luz— no habría experiencia. En el mundo del espacio, el tiempo y la causalidad —o el mundo relativo, como lo llamamos nosotros— este juego de opuestos lleva a la evolución del universo y de todo lo que éste contiene.

Al ser conscientes de la presencia de la sombra y de las condiciones que pueden agitarla, los superhéroes se adaptan al preguntarse qué don puede acarrearles la sombra. Este gesto hace que los superhéroes sean menos dados al juicio, no sólo de sí mismos, sino también de los demás; también los aleja del melodrama y el sensacionalismo asociado con juzgar a los demás y chismorrear. De nuevo, el resultado es una sobriedad que acerca a los superhéroes a su energía espiritual e identidad creativa.

De esta manera, los superhéroes dan a la sombra una función creativa. Por ejemplo, si alguien tiene una personalidad adictiva, entonces debe canalizar su energía hacia algo benéfico, como el ejercicio o la exploración creativa. Una parte de las creaciones más celebradas de la civilización, como por ejemplo las de Miguel Ángel y Picasso, han sido producto de este abrazo del artista con su sombra, para después concentrar creativamente su energía. Si tu sombra está llena de ira o rabia, analiza cómo hacer que esa energía sobrecogedora sea canalizada a otra actividad más productiva. Con la sobriedad de estar al tanto de ti mismo y de tu sombra, viene también a ti el poder de controlarla.

El mundo de los cómics y de las grandes mitologías antiguas suele estar dominado por circunstancias muy crudas. Ya se trate de decadentes paisajes urbanos donde impera el crimen y la pobreza o de mundos imaginarios poblados por razas demoniacas y seres amenazantes, precisamente en estos mundos surge el superhéroe para realizar su trabajo. Y el enfrentamiento de estas fuerzas conforma el relato. En los mejores de este tipo, la lucha nunca termina, pues cualquier historia o personaje en que la bondad se torna maldad en términos absolutos, se arriesga a su propia extinción; si la vida conquista a la muerte por toda la eternidad, también apuesta por su desaparición. La banalidad del "para siempre" sería una condena para un personaje o mundo. La búsqueda del equilibrio entre mundos en contradicción, con paradojas y conflictos: en esto consiste el viaje del superhéroe. Y también es nuestro viaje.

Por esa razón, el equilibrio es la primera ley espiritual de los superhéroes. Para que nuestra búsqueda de paz en la vida cotidiana tenga éxito y aspire a una conciencia más elevada, es de suma importancia encontrar y mantener el frágil balance entre ser, sentir, pensar y hacer. Reconocer y rescatar a tu sombra de los calabozos de tu psique —para luego encontrarle un uso creativo por medio de la sobriedad consciente— es la manera más efectiva y pragmática de poner en acción la ley del equilibrio.

Cuando se pone en práctica esta ley, se tiene el potencial de cambiar la propia manera de pensar y actuar. Podemos salir del mundanal ruido que nos rodea para descubrir el potencial que nos permita vivir en armonía con nosotros mismos y con el mundo. Nuestros actos, decisiones y pensamientos están anclados en la realidad y comenzamos a ver el mundo y nuestro lugar en él desde una perspectiva completamente nueva. Al igual que un superhéroe sentado sobre la tierra mira su enormidad, nosotros también ganamos una nueva perspectiva.

Los siguientes ejercicios para superhéroes darán equilibrio. Intégralos a tu vida al convertirlos en rituales diarios; realízalos a horas específicas y con una duración determinada. Poco a poco se convertirán en parte de tu existencia cotidiana.

1. *Comprométete con el bienestar físico y emocional.* Debes cuidar tu condición física y practicar alguna forma de ejercicio cardiovascular en tu rutina diaria. También pon atención a tu dieta y a lo que ingresa en tu cuerpo. Igualmente, cuando se trate del cuerpo emocional, debes estar al tanto de las relaciones tóxicas y demás situaciones en que tú mismo incurres, para eliminarlas de tu vida.

2. *Mantén una relación saludable con tu sombra y compréndela.* Identifica todo lo que crea estrés, resistencia, rechazo, frustración e ira en los demás. Haz con ello una lista y reflexiona sobre la presencia de estos factores en tu propia vida. La próxima vez que sientas una de estas emociones destructivas, respira hondo en ella y contempla sus orígenes. No te conviertas en víctima de tus emociones. Reconócelas y reflexiona cómo canalizarlas hacia algo más constructivo.

2

LA LEY DE LA TRANSFORMACIÓN

La transformación es la verdadera naturaleza
de todo ser y del universo mismo.
Los superhéroes son capaces de reconocer
sus yo transformacionales y todas las fuerzas
que operan en su interior; perciben el mundo
desde un número infinito de perspectivas.
Al hacerlo, nunca enfrentan un conflicto o
adversario que los intimide, o con el que no sean
capaces de tener empatía.

La falsedad fundamental que compartimos casi todos es creer que existen límites en el universo. La razón de que esto no sea verdad consiste en que todos los límites son construidos en la mente. La mayoría de nosotros nos miramos en el espejo y vemos en el reflejo una imagen de quien creemos que somos. Quizás a un nivel más sutil, sabemos que esa imagen está compuesta por numerosos recuerdos, experiencias pasadas tanto buenas como malas: es una proyección de la persona que consideramos debemos ser. Este reflejo fortalece la imagen que de nosotros mismos tenemos, y suele resultar de la continuación de nuestros patrones de conducta, de una identidad rígida a la que le cuesta trabajo evolucionar conforme pasa el tiempo.

De cualquier manera, los superhéroes ven un reflejo muy distinto en el espejo. Cuando miran el espejo, ven su reflejo, pero también los procesos de su formación, que son muy diferentes. No sólo son capaces de ver sus experiencias pasadas, también contemplan el futuro. Y no sólo su pasado y futuro personales, sino el tuyo y el mío, el de sus mentores y discípulos, el de sus aliados y adversarios, y el de todos los demás.

De hecho, en su propio reflejo advierten toda la conspiración del cosmos, plena de belleza y fealdad, con sus cualidades sagradas y profanas, con el brillo de su idealismo, la oscuridad de su ego y la vanidad de su propia conciencia. Los superhéroes han aprendido a vivir sin falsos límites entre lo personal y lo universal. Solemos identificarnos solamente con un ego que arrastra un costal de piel y huesos. Luego, esto se convierte en un límite socialmente condicionado que lleva a una concepción limitada del yo. El verdadero yo, el verdadero tú, está en todo. "Soy el universo": es el mantra de los superhéroes. Ellos ven a los árboles como si fueran sus pulmones. Si los árboles no respiraran, ellos no respirarían. Y si ellos no lo hacen, los árboles tampoco. Los árboles y los pulmones conforman un proceso unificado. Comprenden que la Tierra recicla, igual que lo hace su cuerpo; que los ríos y las aguas son como el sistema circulatorio del cuerpo y el aire es su aliento; también comprenden que la energía del sol y las estrellas es, a su vez, la energía que anima sus miembros y provee de energía al marcapasos de su corazón y de electricidad al cerebro.

Esto es un hecho de la ciencia. Tu cuerpo está en intercambio dinámico con todos los seres vivientes —incluyendo plantas y animales—, y con la tierra, el aire y el agua por medio de la respiración, la digestión, el metabolismo y la eliminación. Todos formamos parte de un solo cuerpo. Nuestros cuerpos igual integran un solo campo universal de energía. Este campo es también una fuente de información universal que ubica los pensamientos por medio de las relaciones. Nuestro aliento es uno con la atmósfera del planeta Tierra. Un respiro, una energía y un campo de información; un cuerpo, una mente y una conciencia. En otras palabras, al nivel más profundo todos somos uno. Expuse todo esto a Gotham para ver cómo resonaba en su concepción del mundo de los cómics modernos. Lo pensó brevemente y de inmediato dio su respuesta: "Comprendo. Estás hablando de Tormenta, de los X-Men.

Entre los poderes de que dispone Tormenta, están las lluvias monzónicas, los tornados, tsunamis y huracanes, las neblinas cegadoras y hasta las tempestades solares y cósmicas que modifican el electromagnetismo del mundo. Se parece al dios griego Zeus, que arroja rayos a sus enemigos o a su hermano Poseidón; es capaz de generar oleadas en los mares que regentea o incluso puede parecerse también al dios del Génesis, quien disgustado por la maldad de la humanidad manda una gran inundación que anega la Tierra. Los superpoderes de Tormenta provienen de su conexión con el yo universal, que es el poder de la conciencia misma. Se trata de la fuente de toda creación y toda destrucción, de la verdad en el corazón del universo, de la que surgen todas las cosas y a la que vuelven después.

"En una anécdota tomada del mito de Tormenta, un avatar de otro superhéroe llamado Eternidad habitó en alguna ocasión la conciencia de Tormenta. En episodios semejantes con otros superhéroes, los anfitriones no pudieron sobrevivir al ser abrumados por el poder literalmente 'eterno' de la Eternidad. Ése no es el caso de Tormenta. Dado que es descendiente de las sacerdotisas-hechiceras africanas (quienes eran una y la misma cosa con el ecosistema que habitaban), Tormenta pudo desarrollarse con el tiempo hasta convertirse en diosa ella misma. Por eso no sólo es capaz de tolerar la infiltración mental de Eternidad, también puede integrar a su ser la falta de límites propia de los dioses. Existe una enorme sabiduría en esta identidad de la experiencia y ella lo sabe: 'Es mucho más que poseer poderes extraordinarios. Ser [una superheroína] significa poseer una voluntad muy fuerte —una identidad personal muy sólida— que nada pueda trastornar'."

Para Tormenta y la mayor parte de los superhéroes, el mundo es como una lupa. Dondequiera que miren, incluso en la naturaleza misma, se ven a sí mismos. Esta convicción viene acompañada por la comprensión fundamental de que los límites son falsos y por una capacidad recién hallada para ver a través de los muros de nuestras limitaciones autogeneradas y autoimpuestas. Los superhéroes comprenden que todos los límites son conceptuales y no están basados en la realidad. Por ejemplo, las fronteras entre naciones (digamos entre Canadá y Estados Unidos o entre Estados Unidos y México) son conceptos, ideas humanas. En la naturaleza no existe una línea que divida las naciones o los océanos. La tierra es un solo organismo y una expresión del universo entero. Cada acontecimiento en el espacio y en el tiempo es una conspiración de todos los sucesos y cada objeto es también el universo entero captado como en una fotografía, en un tiempo y espacio determinados. Una rosa roja, con su extraordinaria fragancia, sus delicados pétalos y su tallo espinoso, es también arcoíris, luz solar, tierra, agua, viento, infinito vacío e historia del cosmos desde el principio de los tiempos.

Sabiendo esto, los superhéroes se despojan de todo límite. Su sentido de la identidad no dice: "Soy esto" o "Soy aquello", sino: "Soy todo y todos", y "Soy el universo." El resultado es una capacidad de ver al mundo como un todo y comprender la verdadera naturaleza de todo lo que nos rodea. Esta habilidad es clave para liberar nuestro potencial y el del universo. Sin ella, siempre estaríamos limitados por un conjunto de creencias. Una vez descubierta, la ley de la transformación, literalmente, lo cambia todo. Comenzamos a beber en una fuente instintiva e intuitiva de sabiduría y poder, un poder que tiene la capacidad de transformar cada día, cada interacción y cada momento, convirtiéndolos en un momento creativo y evolutivo. Cuando la gente está conectada con su yo superheroico, con su verdadera esencia, no sólo tiene la capacidad de cambiar al mundo: es su obligación hacerlo.

Los superhéroes comprenden que, en el momento de adoptar una etiqueta o autodefinirse, se limitan. Considera lo siguiente: ¿Qué define tu experiencia de ser o existir? ¿No serán el aire, los árboles, el sol y la tierra tan vitales para tu existencia como tu corazón, pulmones, hígado y riñones? ¿Podrías existir si faltara uno solo de estos elementos? Tu existencia y tu relación con el ecosistema van más allá de las palabras y frases elegantes; se trata de un verdadero atributo de gran diseño del universo y, más sutilmente, del campo unificado de la conciencia. Debido a que el verdadero yo es ese campo de conciencia, los superhéroes se percatan de que el acto de *transformación* es la clave para adentrarnos en esta conciencia y utilizarla.

La habilidad de practicar la ley de la transformación te regresa a tu esencia —un estado inocente del ser—, porque evita que seas atrapado por los juicios. Así es como los artistas ven el mundo. No miran los objetos existentes en el mundo ni los definen como algo independiente de ellos. Un platón de frutas, una puesta de sol admirable, un monumento que roba el aliento, todo cobra vida por medio de la interacción del artista con las cosas. Los artistas otorgan vida a los objetos por el simple hecho de percibirlos. Ésta es la verdadera naturaleza del universo, y cuando nos percatamos de que todo en nuestra vida existe únicamente porque interactuamos con ello, extraemos un gran sentido de poder de esta convicción. En consecuencia, tenemos el poder de orquestar lo que queremos y lo que no queremos para nuestras vidas.

La transformación es una fuerza más que real y un proceso activo en nuestras vidas. Por ejemplo, la versión de ti mismo que está leyendo estas palabras ahora no es la misma versión de ti que lo compró, ni será la que lea las últimas páginas. En un nivel básico de la realidad física y atómica, nuestro cuerpo está en constante movimiento, reponiéndose y reinventándose. El cuerpo no es una estructura: es un proceso. La versión de tu cuerpo de este año es un modelo reciclado del año anterior. A nivel molecular y atómico, constantemente te estás reinventando. Ello significa que tienes una nueva piel cada mes, un nuevo esqueleto cada tres meses, un nuevo recubrimiento estomacal cada cinco días y un hígado nuevo cada seis semanas. Tu ADN, que contiene la memoria de millones de años, se recicla cada seis semanas en sus componentes de carbono, hidrógeno, oxígeno y nitrógeno.

Asimismo, a nivel emocional, también cambiamos constantemente la red de recuerdos, esperanzas, deseos, relaciones e interacciones que experimentamos. Cada uno de estos factores nos influye en muchas formas, desde las respuestas metabólicas que pueden disparar en nosotros, hasta determinar nuestras decisiones para alterar el curso de nuestra vida. La mayoría de nosotros no sabe de ese estado de cambio constante, y entonces la transformación no es una evolución activa; en lugar de ello, va disminuyendo y termina siendo víctima del ir y venir de nuestros temperamentos, y del clima emocional de quienes nos rodean. En otras palabras, quedamos atrapados dentro de nuestros límites. Las acciones y creencias que emprendemos están limitadas por nuestra perspectiva. Nos convencemos de nuestras incapacidades, o de que estamos en lo correcto, o de que el mundo está en nuestra contra. Sin importar cuál sea el límite específico, el resultado es que, sin la ley de la transformación, nos estancamos y siempre lucharemos para cambiar.

En términos espirituales, la transformación no es únicamente un aumento en la percepción de nosotros mismos, también combina la intuición con una conciencia superior de la relación básica de todas las cosas. Entonces, la transformación se convierte en un estar listo para ver y experimentar el mundo desde un número infinito de perspectivas. Se trata de la capacidad de transformar, ver y experimentar el mundo no sólo desde nuestro punto de vista, sino desde todas las perspectivas posibles. Aunque la transformación en el mundo de los superhéroes puede revelarse como metamorfosis física —Bruce Wayne convirtiéndose en Batman, o el personaje de Tormenta en una tormenta eléctrica—, en nuestro mundo los cambios de apariencia son mucho más sutiles, pero igualmente poderosos en los hechos.

¿Qué significa esto en términos prácticos? ¿Cómo se puede integrar a nuestra vida la capacidad de ver y experimentar realmente el mundo, valiéndonos de la perspectiva de otra persona? Los superhéroes navegan el cosmos conscientemente. Por medio de sus intenciones y de su imaginación, pueden dar saltos cuánticos hasta llegar a cualquier lugar en el espacio y en el tiempo. Un salto cuántico te permite moverte de una ubicación en el tiempo y el espacio a otra, sin tener que pasar por el espacio intermedio.

Intenta lo siguiente. Cierra los ojos y recuérdate siendo un niño pequeño. De manera instantánea has viajado en el tiempo y miras un cuerpo diferente, una personalidad distinta. En algún momento del pasado, te identificaste con ella, pero lo más seguro es que esa persona de antaño hoy en día no sea más que un extraño para ti. Ahora cierra los ojos y mírate diez años adelante, con un cuerpo y una personalidad diferentes, alguien que ha madurado y comprende más de lo que comprende hoy. Ocurre lo mismo.

Ahora sal de tu cuerpo. Cierra los ojos y conviértete en un águila que vuela por el cielo. Imagina cómo se vería el mundo desde esa altura o qué tal sería volar rozando las nubes. O adopta la conciencia de otro animal: la de una serpiente que repta entre el pasto o la de un delfín que recorre el océano. O adopta la conciencia de otra persona: la de un guerrero que se apresta a la batalla, la de un alquimista que desentraña los secretos de la magia o la de un adivino que pretende manipular las fuerzas del universo. Nuestra manera de ver el mundo determina nuestra interacción con él, las decisiones que tomamos y hasta lo que consideramos real.

Existe un dicho en Oriente: "La realidad es un acto de la percepción". Cuando nos volvemos conscientes de esa percepción, ganamos control sobre nuestra realidad. La capacidad de cambiar nuestra percepción —o punto de vista— es el arte de cambiar de forma, una cualidad esencial de los superhéroes, pero también algo que todos podemos hacer.

La mitología y el mundo de los cómics están llenos de personajes que cambian de forma. Los ejemplos abundan: desde los antiguos dioses griegos, como Zeus, quien solía transformarse para evitar que su esposa Era lo descubriera y provocara su ira cuando obraba a sus espaldas; hasta los hombres-lobo y los vampiros que han infiltrado el mundo de la cultura pop, pasando por toda suerte de superhéroes como el Increíble Hulk y Wolverine, héroes que se transforman físicamente.

El acto de la metamorfosis es una visión cinemática muy dramática y popular. No obstante, ¿cuál es su importancia y significado más hondo?

Dos adolescentes, consumidos por la curiosidad y el funcionamiento hormonal, ceden a sus impulsos y sus labios se unen lentamente. Para ellos, perdidos en su pasional abrazo, sintiendo la euforia del amor joven, el tiempo se detiene. Pero de pronto todo se convierte en terror. La joven entra en pánico cuando se percata de que su pareja se desvanece en sus brazos. No se trata de falta de pasión, sino de la rápida e inexplicable pérdida de vida. Tal fue la primera aparición de los superpoderes pertenecientes a la superheroína conocida como Rogue.

Con el paso del tiempo, Rogue aprende a dominar este don y se da cuenta de que no existen límites entre ella y la persona que está a su lado cuando se tocan. Durante esos momentos, ella absorbe recuerdos, emociones, habilidades y poderes de quien esté tocando. Mientras más se prolongue el contacto, más tiempo retendrá esas cualidades. Y si el contacto se extiende lo suficiente, la adquisición de esas cualidades será permanente.

En el curso de su carrera como superheroína, Rogue se relaciona con cientos, incluso miles de personas. Durante una misión, combate a un enemigo extraterrestre recurriendo a todos los recuerdos, poderes y emociones que ha absorbido en toda su historia como superheroína. El extraterrestre es vencido y muere. La voluntad y el poder colectivos son demasiado para cualquier adversario que trabaja solo. Por sí misma, una persona puede acceder a la grandeza. Pero en conjunto, varias personas pueden cambiar la conciencia por completo.

Esta anécdota lleva la transformación al siguiente nivel. Lo que consideras tu identidad ahora mismo, es solamente un rol que tu conciencia ha decidido desempeñar en este momento particular del tiempo. Tú no eres los roles que eliges; eres la conciencia infinita que ha elegido para tu destino desarrollar un número infinito de roles. Los superhéroes conocen bien la diferencia entre quiénes son y los roles que desempeñan. Es la diferencia entre la imagen personal y el yo. La imagen personal es efímera, como humo que se desdibuja en el aire. El yo es eterno, lo invade todo, lo sabe todo y va más allá del espacio y el tiempo. No reconoce límites entre tú y yo. Mi triunfo es el tuyo. Tu tragedia, la mía. Y esto va más allá de ti y de mí. Todo lo que te rodea —personas, naturaleza, el mundo en sí—, es parte de tu comunidad, de tu tribu, de tu sociedad, de la humanidad toda y del ecosistema colectivo en que existimos. Los superhéroes están en sintonía con este solo organismo que vive y respira sin que nos demos cuenta: la conciencia misma.

Todo lo que te rodea existe porque participas e interactúas con ello. Si dejas de interactuar con cualquier cosa, cuando demuestras indiferencia por ello e incluso cuando ya solo cumples con las apariencias —ya sea en una relación personal, en cualquier actividad y hasta respecto a un objeto cualquiera—, en ese momento el objeto, la persona o la relación comienza a perder trascendencia en tu vida y se va difuminando. En última instancia, una aproximación desapasionada a la vida genera frivolidad, tedio y hasta una eventual muerte emocional e incluso física.

El mejor ejemplo lo encontramos en la fisiología humana, cuando nos referimos a la célula cancerígena, que ha dejado de reaccionar ante la comunidad de células y organismos que la rodean. Esta muerte celular atasca el sistema y, en última instancia, lleva a una falla mayor y a una muerte inevitable.

Como verás en las siguientes páginas, cada una de estas leyes se basa en la ley que la precede. No puede haber transformación sin equilibrio. Cuando pretendemos que nuestra conciencia esté alerta, activa y sintonizada con nuestro alrededor sin ser prisionera de recuerdos o experiencias pasadas, de nuevo comenzamos a abrazar la sabiduría de la incertidumbre. Cada habilidad que aprendemos nos hace avanzar un poco más en el camino que lleva a alcanzar todo nuestro potencial.

En el proceso de aprender la ley de la transformación, obtenemos una agilidad emocional, psicológica y espiritual que nos vigoriza y llena de poder. Lo que por lo regular se entromete en el camino de esta conciencia fundamental (después de todo, nacemos con ella) es la autoimagen. No sólo se trata de imponer nuestro juicio respecto del mundo que nos rodea (y de quienes lo habitan); es nuestra forma de calificar y percibir a nuestra persona y actos.

Volvamos al espejo. Hablemos de ese reflejo que te mira desde el espejo. A menos que seas un superhéroe o un ilu-

minado, sólo ves una percepción de quien piensas que eres.
Llegado este momento podrías entender que incluso tu propio
reflejo, aparentemente estático, en realidad sólo es una instantánea del remolino de transformaciones biológicas y psicoló-
gicas que ocurren en tu interior. No sólo eres lo que ves, sino
todos los momentos personales y recuerdos de tu historia que
han culminado en el momento presente, todo ello sumado a
las esperanzas y sueños que tendrás para llegar a ser quien
quieres ser. Pero hasta esta idea de tu identidad se queda corta al
describir quién eres en realidad, porque solamente se trata de
la autoimagen relativa al ejemplo que nos ocupa. Y al definirte
de acuerdo con la imagen que tienes de ti mismo, el resultado
es la repetición de los mismos patrones de conducta una y otra
vez. Y si el espejo refleja algo que no te gusta, la consecuencia
será una pobre autoestima y la persistencia de una persona en
la que ni tú mismo crees. La única forma de cambiar esto es
adoptar otra perspectiva: debes dejar de mirar tu autoimagen
para comenzar a mirar el yo.

El yo está en contacto con los más altos ideales de verdad
y bondad, para lograr la plenitud a nivel personal y planetario. No se califica a sí mismo como bueno o malo, porque
entiende que esas son dos cualidades dormidas en el interior y pueden expresarse en momentos específicos en el
tiempo. Sin embargo, la mayoría de las personas queda atra-
pada en esos momentos estáticos. Aunque por instinto ven el
mundo a través de la lente de su propio ser, que está en constante transformación, sólo logran ver el polvo en la lente.
En lugar de un mundo reluciente y fresco, que es como una

interminable sopa de energía, se adhieren a una instantánea rígida del mundo que creen ver. Al mirar el mundo exterior se sienten fascinados o aterrados por algunas cosas y luego generan su realidad a partir de ese estado. Los superhéroes lo hacen de otra manera. Como están en constante transformación, se sienten cómodos en un mundo que da la misma impresión. Viven más allá de las etiquetas. Al nivel de la conciencia, existe una naturaleza singular más allá de las etiquetas que le imponemos. Al ver y experimentar el mundo desde ese estado de conciencia, los superhéroes van más allá de las definiciones y de sus contradicciones inherentes, y son capaces de actuar desde un lugar que es absoluto en términos de utilidad. Sus acciones están más allá del bien y del mal, de lo divino y lo diabólico.

Los superhéroes no pierden tiempo o energía en juzgar la moralidad de los actos de los demás. Evitan el "Yo estoy bien" y el "Tú estás mal", pues se trata de una forma de pensar basada en el ego y enraizada en un sentido del yo limitado e ignorante. Se enfrentan cautelosa y cómodamente con la ambigüedad y la contradicción; pero no juzgan la moralidad de los otros y analizan sus propias acciones.

Los verdaderos superhéroes actúan en concierto con el mundo que los rodea. Hasta lo que puede parecer un acto destructivo de la naturaleza —un fuego forestal, por ejemplo— con el tiempo genera fertilidad y, de ésta, puede surgir un nuevo ecosistema. De manera semejante, los mejores superhéroes están al servicio de esta evolución planetaria o social, incluso si esto implica aislamiento personal o realizar actos que parecen destructivos. Anclado en esta conciencia y libre de los juicios impuestos por la autoimagen, los superhéroes pueden transportarse a cualquier parte en todo momento, y saben lo que está pasando valiéndose del mero acto de atención e intención.

La atención ubica la conciencia infinita en un punto específico, y la intención permite que la conciencia sepa lo que sucede respecto al contexto, el significado y las relaciones. Ésta es una forma de inteligencia llamada intuición. La intuición está más allá de la lógica y lo racional. Es inteligencia de contexto, de relaciones y holística (total). La intuición generalmente es percibida como una especie de alquimia o de regalo místico, pero en realidad es el resultado de una conciencia que todo lo sabe y es común en los superhéroes.

Éste es el corazón de la ley de la transformación. Al vernos libres de las fronteras que limitan nuestra perspectiva y comprensión, descubrimos que nuestra conciencia es la conciencia del universo, y nuestra mente parte de lo universal. Somos capaces de hacer una pausa en el diálogo interno para, desde ese silencio, escuchar atentamente la mente del cosmos. Escuchar al yo es escuchar al universo, que está más allá del tiempo y del espacio. No está orientado por una filosofía de ganar o perder, su capacidad de evaluar es ilimitada y supera todo pensamiento racional. Éste es el regalo de la intuición.

Cuando logramos escuchar la quietud del universo, tenemos acceso a un tremendo poder que se expresa mediante una confianza radiante, de carisma y claridad. Los superhéroes demuestran estas cualidades valiéndose de la dignidad silenciosa y de la humildad. Son impecables y auténticos en sus acciones. Hasta su lenguaje —las palabras mismas que usan para comunicarse— refleja esta comprensión del poder de la intención. Son honestos y genuinos, dicen lo que piensan claramente, sin duplicidades, y sus acciones tienen las intenciones más puras. Los superhéroes no necesitan probar su virtuosismo o expresar su idealismo. No tienen por qué hacerlo. Su omnisciencia, su omnipotencia y su omnipresencia son parte de lo que hacen.

Piensa que los superhéroes, al igual que nosotros, no son perfectos. En ocasiones, pueden luchar con su autoimagen, preocuparse por su reputación o por lo que los demás piensan de ellos. Pero el punto es que los superhéroes están al tanto de la otra dimensión y de sus diferencias con el yo. También han aprendido a reconciliarse en estas luchas intermitentes. Como resultado, están conscientes de que, al actuar desde el punto de vista del yo verdadero, y no sólo desde la perspectiva de su autoimagen, pueden expresar la magnificencia de cada momento de su ser, de su pensar, de su sentir y de su hacer.

Esto recuerda el principio de la tradición cristiana en que Dios crea a los hombres a su imagen y semejanza, no sólo físicamente, sino metafísicamente. Es común en muchas mitologías, antiguas y modernas —desde Zeus hasta Tormenta—, que los dioses y diosas se transformen en hombres y mujeres.

Nuestros cuerpos están hechos de un trillón de células (más que el número de estrellas y planetas existentes en toda la Vía Láctea), y se estima que cada una de ellas hace seis billones de cosas por segundo; además cada célula sabe instantáneamente lo que hacen las otras células. Ésta es la magia, el misterio y la alquimia de la existencia. El gran poeta sufí, Rumi, lo condensa todo así: "¡Cuidado! ¡Cuando ves tu reflejo, te conviertes en ídolo de ti mismo!".

La ley de la transformación es una parte crítica de los recursos de todos los superhéroes, porque permite, a ellos y a nosotros, superar la empatía cotidiana y percibir verdaderamente al mundo desde un infinito de perspectivas. Esta realidad que tú y yo vemos frente a nosotros, es solamente un acuerdo mutuo, una coincidencia de la voluntad. Cuando en verdad comprendemos que las fronteras que se extienden entre nosotros son conceptuales y autogeneradas, entonces somos capaces de trascenderlas. Ver y tomar el mundo desde un punto de vista de preocupación compartida, compasivo, equivale a abrirnos a la verdadera belleza del universo, en que cada día de la existencia es inspirado y cada reto es abrazado con confianza y creatividad.

He aquí algunos ejercicios para descubrir las implicaciones prácticas de la ley de la transformación:

1. *Reconoce y cuestiona las creencias que te limitan, sean las que sean.* Casi todos, excepto los superhéroes, tienen creencias limitantes. Entiende que todas las creencias son limitantes. Si tienes una, se convertirá en tu realidad; por ejemplo:

"Nunca perderé peso..."

"Nunca tendré éxito..."

"Nunca me llegará el amor..."

2. *La reflexión sobre la naturaleza ilusoria de las creencias limitantes te libera.* Sea cual sea tu creencia limitante, formúlate las siguientes preguntas:

¿Con base en qué considero que esto es verdadero?

¿Es verdad?

¿Qué me hace creer que es verdad?

¿Cómo limita mis capacidades esta creencia?

¿De dónde la obtuve?

¿La necesito?

¿Qué sucedería si no la tuviera?

3. *Expande tus ímites.* Los superhéroes no se identifican con un cuerpo o mente particulares. Reconoce los roles que desempeñas —como padre, esposa, hermana, empleado, fanático de los deportes, entusiasta de los autos y demás, pero entiende que a fin de cuentas eres tú ese eterno representante de roles, aunque sueles usar máscaras distintas en momentos diferentes. El superhéroe dice: "Soy todos los cuerpos y todas las mentes. Soy el universo". Usa el mantra

"Soy" o "Ah-hum" para recordarte esta identidad permanente. "Soy" no conlleva etiqueta alguna y tiene posibilidades infinitas.

4. *Practica la transformación por medio del arte de cambiar de forma.* Deconstrúyete. Deja que tu cuerpo y mente se disuelvan en tu imaginación hasta formar una pelota dorada que pulsa llena de potencialidades. Luego, emerge con la figura o forma que quieras a través de la conciencia de cualquier ser, real o imaginario. Conviértete en rey guerrero y experimenta lo que se siente estar en esa conciencia; verse como rey guerrero y caminar y hablar como uno. Descubre qué se siente mirar al mundo a través de sus ojos y escucharlo con sus oídos. En tu meditación, practica ser el mago Merlín, el alquimista cósmico Krishna, los jóvenes redentores Cristo y Buda, la diosa griega de la sexualidad y la sensualidad, Afrodita, o la sabia diosa Atenea. Conviértete en viento o en tormenta, en árbol, insecto, colibrí, águila, delfín, chita, leopardo o león. No hay límite para tus manifestaciones, porque eres muchos en uno mismo.

5. *Experimenta con la ligereza de tu cuerpo.* Acalla tu mente poniendo atención a tu respiración durante unos minutos. Ahora concentra la atención en tu cuerpo y siente todas las sensaciones conforme se presentan y se van. Lentamente, introduce la idea de que tu

cuerpo se hace cada vez más ligero y más sutil. En lugar de un cuerpo material, se está convirtiendo en un cuerpo de luz. Piensa siempre en el cuerpo y mantén los ojos cerrados. Ahora visualízalo como ese cuerpo de luz pura con la misma forma de tu cuerpo material. Cada vez que cierres los ojos por cualquier razón, experimenta con tu cuerpo ligero. Pronto descubrirás que tu cuerpo material se hace menos pesado, más flexible y energético.

3

LA LEY DEL PODER

El verdadero poder va más allá de la fuerza

muscular. Al acudir a la fuerza del universo,

los superhéroes están conectados con el momento

y se adentran en una fuente que integra toda

experiencia, toda sabiduría y toda existencia.

La ley del poder permite a los superhéroes ser

inmunes a la crítica, no inferiores a nadie, nunca

conocen el miedo y son capaces de dar poder a otros

por medio de sus pensamientos y acciones.

No importa dónde estés. Ya sea en la India o Indianápolis, Beijing, Buenos Aires o Boston, seguramente has escuchado hablar de Supermán. Quizá no conozcas los detalles de su historia original, o su planeta-hogar, Kriptón, o tal vez no estés familiarizado con los miles de cómics que han narrado sus aventuras, pero conoces el nombre y la S que figura en el pecho del héroe; probablemente también reconozcas la capa roja que ondea sobre su espalda. Supermán es el superhéroe definitivo. No sólo es un icono de la cultura pop estadounidense; es un icono mundial. Desde su aparición en el mundo del cómic, en junio de 1938, Supermán ha aparecido en series de radio, programas de televisión, largometrajes, tiras cómicas de periódicos, cómics, novelas gráficas, novelas en serie o periódicas y videojuegos. Es el antepasado de los superhéroes modernos y símbolo de poder en casi todas las culturas. Él siempre busca lograr lo imposible, no únicamente por el hecho de tener poderes sobrenaturales, sino también porque, en su ser, él representa una fuerza y una supremacía que suele trascender las de otros superhéroes y de hecho define su carácter.

La mayoría de las personas asocia el poder de Supermán con sus características clásicas grecorromanas: pecho robusto, quijada cuadrada y músculos voluminosos. Es un dios griego que usa capa y mallas. Y por supuesto también están sus reconocidos superpoderes —la fuerza sobrehumana, la invulnerabilidad, sus sentidos poderosos (la visión de rayos X o el oído hipersensible), y la capacidad de volar—, que representan lo heroico en todos sentidos. Pero el poder de Supermán es aún más profundo. Su verdadero poder es el poder de presencia y la maestría de sus sentidos. Pero no es posible obtener estas capacidades sin dominar la ley del equilibrio y la ley de la transformación.

Los superhéroes no son prisioneros de lo conocido. Todo lo que es conocido ya sucedió. Operar únicamente en los confines de lo conocido crea apego a la certeza, y aunque esto puede producir un falso sentido de comodidad, en realidad obstaculiza la evolución emocional, personal y espiritual.

Lo desconocido existe en el reino de las posibilidades. De hecho, lo desconocido es, por definición, un campo de infinito potencial y se manifiesta constantemente como lo conocido en todo momento del presente. Por lo tanto, el momento presente constituye el umbral entre lo desconocido y lo conocido, entre visible invisible. Los superhéroes están anclados en el presente, su conciencia está centrada en el momento presente. Son capaces de mirar ocasionalmente en lo desconocido, se sienten cómodos con su incertidumbre e infinito potencial, y canalizan su poder al momento presente. De hecho, estamos ante el *poder de la presencia*: el ser libre tanto del pasado como del futuro y que posee infinita flexibilidad en todo momento, conforme se requiera. Como resultado, los superhéroes comprenden que la mejor manera de manifestar un futuro en evolución es vivir en la cúspide de la conciencia no electiva.

La conciencia no electiva permite a la inteligencia universal manifestarse sin esfuerzo y de manera espontánea. Los superhéroes saben dejar que esta inteligencia universal fluya por ellos. Piensa en los atletas olímpicos, en los grandes artistas, en los bailarines de ballet, en los músicos, en los poetas o en los líderes: se trata de gente ordinaria que se eleva a lo extraordinario permitiendo que la conciencia fluya en ellos. En el caso de los atletas, consiste en entrar "en la zona", momento en que todo en el campo de juego parece transcurrir más lentamente. Pueden sentir el siguiente movimiento de su oponente o visualizar dónde estará la pelota para colocarse en la mejor posición y golpearla. En esencia, *se convierten* en el juego. Para los bailarines de ballet, la música se esfuma, sus ritmos y sus notas se funden con los de la naturaleza misma, y los bailarines se hacen uno con la danza. Estos pocos ejemplos muestran a la gente que entra en contacto con la energía primordial de la conciencia. Todos nosotros tenemos el potencial de usar esta habilidad y descubrir los beneficios del poder verdadero.

En este estado, es natural hacer la elección correcta, actuar bien. "Espontáneamente" en este caso significa que las elecciones no están condicionadas por la carga de la memoria o por anticipar una respuesta específica. Para los superhéroes, esto es el camino que lleva a la revelación: "Uso los recuerdos, pero no permito que los recuerdos me usen."

Cuando permitimos que los recuerdos nos usen, es fácil convertirnos en víctimas de ellos. Muchos tenemos demonios escondidos y éstos pueden hacer que nuestro camino espiritual o emocional se complique. Es común que se trate de fantasmas de nuestro pasado —relaciones tóxicas, experiencias de abuso, temor, incertidumbre emocional— que nos desalientan al enfrentar nuevos retos, o impiden que entremos a nuevas relaciones con apertura y vulnerabilidad. Como sea, nuestro yo superhéroe, no es vencido o desalentado por esta incertidumbre, sino que la abraza como una oportunidad para ser creativo y buscar la redención en todo momento.

Cuando elegimos y usamos recuerdos sin sentirnos atribulados ni atados a un resultado específico, nos convertimos en entidades creadoras. Al saber esto, los superhéroes hacen elecciones espontáneamente evolutivas, que están sincronizadas con el cosmos y traen paz, armonía y amor a todos los influidos por dichas decisiones. Estar alineado con las fuerzas fundamentales del cosmos hace que cada decisión se tome sin esfuerzo, llenándonos de poder.

Los superhéroes se mueven y actúan con gracia y poder. Saben que el poder real no requiere de fuerza, sino de finura, precisión y ejecución habilidosa. En el mejor de los casos, los actos de los superhéroes no encuentran resistencia y disipan las tinieblas al iluminarlas con la luz que brilla en su interior. Esa luz no es justicia o activismo extremo, sino una energía, una bondad instintiva que nace en lo más profundo del ser.

Si lo piensas bien, probablemente seas capaz de hallar un momento de tu vida en que, por unos momentos, adoptaste cualidades similares a las de los superhéroes. En mi caso, sucedió al principio de mi carrera como médico, cuando llegué por vez primera a Estados Unidos a principios de la década de 1970. No tenía mucho dinero y, habiéndome mudado a Boston, en donde la renta era más cara, tenía que trabajar varios turnos en diversos hospitales para llegar al fin de la quincena. No era raro que pasara largos periodos sin dormir. Durante el día, hacía mis rondas, veía a los pacientes, llenaba los formularios y escribía recetas, pero por las noches me tocaba la sala de emergencias. La medicina era otra cosa ahí. Tenía una intensidad y demandaba tal agilidad y capacidad de respuesta que no se parecía a ninguna de las otras áreas de mi vida laboral o personal.

En una ocasión, durante el turno de noche en un hospital de zona (el vecindario que lo rodeaba estaba conformado principalmente por gente de bajos ingresos), poco después de la medianoche, en lo que había sido una velada tranquila, dos paramédicos irrumpieron en la sala de emergencias con una mujer ensangrentada en una camilla. De acuerdo con la costumbre, mencionaron a gritos las heridas y su estado general mientras las enfermeras y yo los relevábamos. Era evidente por la herida en la parte lateral del cráneo de la mujer, que había recibido un disparo en la cabeza. Revisé sus signos vitales. No tenía pulso, sus pupilas no dilataban y tampoco respiraba. Técnicamente estaba muerta y su única oportunidad de "regresar" dependía de que tuviéramos éxito en el proceso de resucitación. Tristemente, las heridas de bala, de arma blanca y de otro tipo no eran extrañas en esta zona de la ciudad. Ya me había acostumbrado a tratar a las víctimas de violencia doméstica y a los pandilleros. Sea como sea, al echar un vistazo a la mujer advertí que estaba embarazada. Entonces las cosas se pusieron en verdad frenéticas.

El vientre materno es un lugar profundamente protector en que, en el transcurso de nueve meses, un embrión es nutrido, se construyen una fisiología humana y un sistema nervioso, y se perfecciona a un ser para su nacimiento. El vientre materno es en verdad una de las más exquisitas creaciones de la naturaleza y, como tal, está equipado para resistir enormes presiones, tensión y turbulencia. Aun así, cualquier médico sabe que la privación de oxígeno tiene efectos catastróficos en el cerebro y la fisiología del bebé. Obviamente, tras un largo periodo sin oxígeno, se puede llegar a la muerte.

Ante la escena, supe instintivamente que el tiempo corría para el bebé. De hecho, no teníamos tiempo que perder, así que hice lo debido. Pasé a la mujer de la camilla al suelo, tomé un escalpelo desinfectado de una charola cercana y lo clavé en su abdomen.

Pasaré por alto los detalles sangrientos para decirles que, en segundos, estaba yo extrayendo a un bebé prematuro del vientre de su madre muerta. Una de las enfermeras tomó al niño, cortó el cordón umbilical, y pocos minutos más tarde el bebé estaba en el respirador artificial para obtener el oxígeno necesario. Yo me quedé mirando el suelo ensangrentado. Dos ayudantes retiraban el cuerpo de la mujer y un empleado de intendencia comenzaba a trapear el piso. Comprendí de que esa noche habíamos perdido una vida humana, pero habíamos salvado otra del abismo de la muerte.

Según mi costumbre de aquellos días, me retiré a la sala de médicos, en donde me tranquilicé con un cigarrillo y un café negro. Sin embargo, en esta ocasión apenas podía mantenerme sentado; las manos me seguían temblando. La adrenalina recorría todo mi cuerpo. Al reflexionar sobre lo ocurrido, entré en conflicto; me sentía eufórico por la gloria de haber salvado una vida, pero atormentado por la cruel tragedia de la vida que se perdió.

Sabía que lo hecho en la sala de emergencias —una perfecta combinación de sabiduría, instinto, confianza en mí mismo, precisión y arrojo— era producto de algo muy primordial en mi interior; porque, incluso cuando la adrenalina comenzaba a pasarse, me sentí cada vez más devastado por el hecho de que el bebé que había salvado seguramente tendría que enfrentar una vida muy difícil al no conocer a su madre.

Quienes poseen las cualidades del poder verdadero, no necesitan utilizar un traje elástico ni una capa roja para ser reconocidos. Irradian confianza desde su interior y la proyectan al exterior en su apariencia. Como resultado, el poder es una parte integral de su persona, no una característica que obtienen de otra parte. No sienten compulsión por flexionar sus músculos, sacar el pecho o por declarar al mundo: "¡Véanme!". De hecho, ese tipo de posturas suelen encubrir lo opuesto: una inseguridad profunda y un narcisismo que requiere de constante reafirmación.

Por el contrario, los verdaderamente poderosos viven en un estado de calma constante. No temen al futuro y se sienten bastante cómodos con la incertidumbre; están preparados en todo momento con una infinidad de opciones a su disposición, proporcionadas por lo desconocido. No pierden el tiempo con reproches, ni sienten culpa por el pasado, ni son atrapados por viejas condiciones y hábitos. Esto no quiere decir que no sean sensatos y reflexivos, sino que no están atrapados por las emociones y circunstancias del pasado que no pueden cambiarse. Como resultado, su lenguaje corporal demuestra facilidad para interactuar con el mundo. Los poderosos están cómodos consigo mismos, siempre preparados para enfrentar cualquier cosa, confiando en su capacidad para reaccionar creativamente y con gracia en toda situación. ¿A quién no le gustaría aprender a hacer esto?

Aunque el atuendo de Supermán puede ser familiar para millones, su mitología es presentada en miles de cómics aparecidos durante los últimos ochenta años o más. Pregunté a Gotham si tenía un episodio favorito entre los muchos que existen en este acervo por demás rico.

Respondió sin dudar: "El episodio llamado *Whatever Happened to the Man of Tomorrow*, de Alan Moore."

Diez años después del último avistamiento del superhéroe icónico Supermán, un periodista llamado Tim Crane está investigando qué sucedió con el que alguna vez fuera el mayor protector del planeta. Su búsqueda revela que Supermán se enfrentó por última vez con Lex Luthor, su antiguo rival, así como también con rivales del pasado que se llaman Brainiac, Bizarro, Toyman, Prankster y otros. Temiendo peligro derivado de sus diabólicas ideas, Supermán se hace acompañar por algunos de sus mejores amigos —entre los que destaca Luisa Lane— a su famosa fortaleza de la soledad, donde cree que estarán a salvo. Pero incluso allí el peligro acecha y, poco después, la infame liga de supervillanos asesina a varios de sus amigos. Rabioso por su pérdida y la amenaza que se cierne sobre los que aún conservan la vida, Supermán rompe su preciosa promesa de no matar jamás y aniquila a uno de los villanos. Al darse cuenta de lo que ha hecho, entra voluntariamente a un recinto tapizado con kriptonita dorada (que le quitará todos sus poderes) y permanece ahí hasta llegar al ártico, donde desaparece, por lo que se presume su muerte.

Pero no es el final de la historia. Es la historia contada por Luisa (una de las sobrevivientes del ataque a la fortaleza). Cuando el reportero se va, el trabajador esposo de clase media suburbana de Luisa se revela como Supermán mismo. Sus poderes se han ido, y ahora se hace llamar Jordan Eliot y trabaja como mecánico. Está perfectamente feliz pasando sus días como esposo y padre ordinario.

"Supermán estaba sobrevalorado", declara. "Demasiado envuelto en sí mismo. Pensó que el mundo no seguiría adelante sin él." Jordan levanta los hombros satisfecho con los anteriores actos heroicos de Supermán y con su vida actual.

A sus pies, el joven hijo de Supermán juega con lo que parece ser un pedazo de carbón. Lo aprieta en su mano y, cuando la abre, aparece un diamante. Ah, aún tenemos esperanzas. El niño guiña el ojo y sonríe al más puro estilo de su padre mientras "viven felices para siempre".

Es una gran alegoría. La kriptonita de Supermán no es en realidad un elemento extraño y verde que proviene de un planeta lejano (así se le representa en los cómics, las series de televisión y las películas). La kriptonita es su ego. Se trata de algo más que un sentido inflado del yo; más bien estamos ante un sentido del yo mal ubicado que termina por destruir a Supermán. Fue atrapado por su propia mitología y perdió de vista su propósito y la honda conexión con la verdadera fuente de su poder. Dejó que las cosas se tornaran personales y, al hacerlo, también se volvieron destructivas.

Como individuos, coexistimos con la conciencia que nos rodea. En cuanto comenzamos a sentir que nos separamos de ella, nos desconectamos del ecosistema de todos los demás y de nuestra evolución colectiva, saboteando nuestro propio poder. Así nace la desesperación, la desesperanza y la decepción, y se trata de amenazas ubicuas, no sólo en el mundo de los superhéroes y los supervillanos, sino también en el nuestro. Esta amenaza crece conforme perdemos de vista nuestra verdadera identidad. El poder, por otra parte, viene de conocer nuestra verdadera identidad, que no está separada de todo lo que existe. Estamos relacionados como cuerpo y mente con todos los seres. Nuestras mentes intercambian significado por medio de las relaciones y transfieren significado a las futuras generaciones por medio de la cultura y la educación. Al saber esto, los superhéroes expresan un deseo por el bien mayor. No invierten personalmente en el poder, y sin embargo son la encarnación del mismo. Esta sabiduría torna invencibles a los superhéroes.

Al dominar el verdadero poder y reconocer la fuerza del universo que pulsa en nosotros, podemos comenzar a actuar y pensar con precisión, gracia y empatía. Irradiamos confianza y fuerza en todo lo que hacemos.

• • •

Este poder real o verdadero surge al responder dos preguntas muy importantes relacionadas entre sí:

¿Quién eres?

¿Qué quieres?

Sólo al saber quiénes somos realmente —dejando atrás los muchos roles que desempeñamos en nuestras vidas (padres, hijos, esposos, empleados, jefes, etcétera)— y al identificarnos con el yo transformacional, podemos comenzar a responder la pregunta de lo que en verdad queremos lograr. La mayoría de los superhéroes pueden responder estas preguntas porque, primero, ya están en contacto con su verdadero yo, lo que va más allá de sus egos individuales y, segundo, porque la mayoría de ellos trabaja para acceder a un bien mayor y así poder lograr un mundo más sustentable y feliz. No obstante, como lo evidencia Supermán en la anécdota antes narrada, hasta los superhéroes pueden llegar a perder su camino.

Piensa en esto dentro de tu propio contexto. Muchos de nosotros perdemos de vista nuestra propia identidad al conectarla con las cosas materiales. Nos definimos por la ropa que usamos, por el auto que manejamos o por la casa en que vivimos. Somos consumidos por las faenas diarias que obstruyen nuestro ego: hacen que sienta alternativamente la destitución (por la falta de cosas materiales) y sobrecarga con una energía próxima a la bravuconería y el poder superficial (porque acumula cosas materiales).

En un momento dado, nos desconectamos de la parte más honda de nuestro ser. Olvidamos que el verdadero poder, el yo transformacional, subyace en todo y está en contacto con los más altos ideales, tanto personales como planetarios. Puede pasar una vida entera sin que una persona entre en contacto con esa parte verdadera de nosotros mismos, la fuente del poder real. Nos negamos a preguntarnos por lo que verdaderamente queremos de nuestra vida y, aun cuando nos lo preguntamos, muchos fracasamos en ir más a allá de la respuesta más simple.

La mayoría de la gente responde esta pregunta diciendo que desea mayor salario o un mejor auto o casa. Otros, quizá más sensatos, explican que desean mandar a sus hijos a las mejores escuelas, rodearlos de seguridad y recursos, y asegurarse de que tuvieran futuros brillantes. Pero si, al más puro estilo de los niños, uno siguiera preguntando por qué quieren estas cosas, responderían que las desean porque creen que con ellas serán felices. La felicidad, en este caso, es un estado de plenitud, calma, seguridad y estima. Y al ver que los que amamos están seguros, a salvo, plenos y felices, nos sentimos satisfechos. En otras palabras, la felicidad es la clave. Es lo que en verdad perseguimos, incluso cuando nos complicamos las cosas tratando de obtenerla.

Aunque existen objetos materiales que dan mayor estatus, asistir a las mejores escuelas o a lugares de trabajo prestigiosos podrían ofrecer seguridad, pero no es el caso, pues se trata de falsos sustitutos de la felicidad real. Las conquistas materiales y los puestos rimbombantes son antídotos que usamos para evitar los males que el ego nos causa. La felicidad misma y tratar de conseguirla ayudando a que otros la consigan, son cualidades del yo superior. Al acudir y escuchar nuestros yoes superiores, comenzamos a entender lo que realmente queremos. Se nos recuerda que la felicidad es un estado del ser que se logra mejor dándola y recibiéndola alternativamente. Y eso es la esencia de lo que los grandes superhéroes, como Supermán, hacen.

Los superhéroes ven el apego a lo conocido como una falsa sensación de seguridad y reconocen que luchar por seguridad (nuestro concepto tradicional de poder) es, irónicamente, la base de toda inseguridad. Los superhéroes hacen lo necesario de manera impecable y la mayor motivación para realizar el bien mayor es dejar el resultado a lo desconocido. Su enfoque está en la acción, no en los frutos de esa acción.

Los superhéroes se mueven por la vida con fluidez, visión e idealismo. No se detienen ante inconvenientes menores, físicos o emocionales. Siempre ven el mundo desde una perspectiva amplia y holística (total). Y son estas cualidades y puntos de vista los fundamentos de sus llamados superpoderes.

Como ya hemos mencionado, un superpoder es una habilidad muy especial que resulta cuando los superhéroes se conectan con su ser interior, que es llamado yo. Los superhéroes se percatan de que este yo del individuo es también el yo del universo. El cimiento de su ser es toda la realidad, todo lo que existe. Al actuar desde este nivel del ser, los superhéroes no dependen del ambiente, sino que crean el suyo.

En las mitologías clásicas, este asidero o suelo de toda la realidad suele ser personificado por una figura divina. Los personajes como Zeus, Hércules, Atlas y, en las tradiciones orientales, el Señor Vishnú, se embarcan en míticas empresas en que utilizan sus poderes para proteger a otros y ayudarlos a superar los obstáculos, combatiendo así al mal. Suelen invocar poderes sobrehumanos, los elementos y fuerzas de la naturaleza misma, o las cualidades místicas que pueden servir para derrotar a sus adversarios. Todo el tiempo, a pesar de la carga de la gracia divina, están profundamente conectados con nosotros debido a su humanidad.

En las narraciones de los cómics modernos, la Mujer Maravilla y Thor son ejemplos de superhéroes como reencarnaciones literales de antiguos dioses griegos. En consecuencia, tienen responsabilidades divinas desde hace mucho tiempo, conectadas con otras realidades, y aun así permanecen anclados al mundo humano, que los une a nosotros.

En la mitología de la antigua Grecia, el dios Atlas era en realidad un titán y el predecesor de Zeus, quien se rebeló ante el nuevo rey de los dioses. Cuando Zeus y sus hermanos vencieron a los titanes, castigó a Atlas forzándolo a soportar el peso del mundo sobre sus hombros. La imagen de Atlas cargando al mundo sobre sus amplios hombros ha sido clásica durante generaciones, y se relaciona con nosotros de un modo muy real. Quienes aspiran a la grandeza, quienes desean convertirse ellos mismos en superhéroes, deben aceptar también grandes responsabilidades. Deben entender esa conexión fundamental entre el yo individual y el yo planetario. Sin duda esto es una carga, pero también constituye la fuente de un gran poder y una oportunidad para cambiar la conciencia.

Al igual que Zeus en el panteón griego, Vishnú es el ser supremo en la tradición hindú, responsable de la dirección de la política de su vasto panteón, pero también reencarnando constantemente bajo la forma de seres divinos y mortales, para ayudar a resolver el incesante desfile de problemas que afectan a la humanidad. Pero no sólo se trata de lo que hace; cómo lo hace es lo que lo eleva a otro nivel.

Lo que Zeus y Vishnú tienen en común no es su gran ámbito de poder, sino la manera de usarlo para dar poder a otros, cambiando la conciencia y perpetuando la evolución de los suyos. A veces, tanto en la mitología india antigua como en la griega, existen grandes plagas, demonios y otras amenazas que surgen de los océanos, de los volcanes, o que son generadas en la arena de los desiertos. Estas fuerzas oscuras amenazan con aniquilar a la humanidad, y su mera apariencia suele bastar para engendrar pánico y caos. Esto funciona como llamado para que nuestro héroe entre en acción; cuando reconoce que el planeta o su gente están amenazados, él se convierte en una amenaza personal. No hay barrera entre el yo individual y el yo universal, de modo que cuando este último es atacado, el yo individual debe recurrir a todas sus defensas y estar a la altura de las circunstancias.

Este tipo de historias llenan las mitologías y las historias de los superhéroes. Pero también tienen una aplicación práctica. Cuando enfrentan graves retos, algunas personas responden con temor, mientras otras son alentadas por su valentía. Y la valentía es, después de todo, una cualidad que proviene de la comodidad ante la incertidumbre. Los que están en paz frente a la incertidumbre y no son atemorizados por el momento, rara vez sienten miedo y nunca permiten que la emoción predomine en sus decisiones.

¿Qué es lo que más temes en la vida? La mayoría de los miedos de las personas provienen de traumas de infancia y de sentimientos sin resolver en relación con el abandono o la vulnerabilidad. O temen fracasar, alejarse de las mejores expectativas en el trabajo o en sus relaciones. Cualquiera que sea el caso, el temor suele ser el mayor obstáculo para acceder a la verdadera fuente de nuestro poder.

Los superhéroes lo saben. Linterna Verde, el hombre que no teme; Daredevil, cuyo padre le enseñó nunca temer a nada ni a nadie; y Iron Fist, cuya intrepidez define su mundo: en todos los casos, se demuestra el poder que se obtiene cuando reconocemos lo que más tememos, reconciliándonos con ello y transformándolo, para luego obtener de ahí fuerza real sin filtrar. Existe un poder tremendo en la falta de miedo, es la auténtica oportunidad de experimentar al mundo como es, sin prejuicios, expectativas y sin necesidad de valorar cada momento imponiendo nuestro juicio.

Gotham compartió conmigo recientemente la historia de otro superhéroe que ejemplifica la ley del poder. Un joven llamado Matt Murdoch camina por las calles de Nueva York cuando ve que un anciano invidente está a punto de ponerse frente a los coches en movimiento. Cuando Murdoch empuja al hombre para evitar que lo atropellen, el camión vira violentamente y de éste cae un recipiente que vierte su contenido. Lleno de material radioactivo, el recipiente golpea a Murdoch en la cara y, a pesar de los esfuerzos de varios médicos, pierde la vista para siempre. Aunque se ha ido su visión, el resto de los sentidos parece haber mejorado. Puede sentir el mundo que lo rodea con todo y su pulso vital, como un organismo; su realidad es una experiencia continua más que una percepción predeterminada. Esto se manifiesta en un superpoder, la capacidad de actuar como un radar que forma contornos que detecta en el ambiente inmediato que lo rodea. Matt Murdoch, el hombre que no teme, se convierte en el Daredevil.

La mayor parte de la gente es prisionera de su percepción, siendo su realidad una falsa promesa construida sobre una falsa premisa. Para ellos, *ver es creer*. No sucede lo mismo en el caso de Daredevil. A él le han acortado el proceso. Lo desconocido es su realidad. Lo desconocido habita su interior. Cada momento fluye a través de él antes de convertirse en el nexo entre el ahora y lo que sigue (el futuro). Daredevil lleva los superpoderes a un nivel completamente nuevo: puede que no vea literalmente lo que está frente a él, pero sí ve lo que está a la vuelta de la esquina. Como dice de sí mismo (a otro héroe llamado Bulleye): "Acepto que eres bueno, amigo. Te lo concedo. ¿Pero yo? Yo soy magia."

Los superhéroes no tienen que comprender el misterio del universo. Ellos *son* el misterio. Su poder es interno y, cuando se integra y se comprende correctamente, este poder se expresa físicamente de manera visible. El poder interno proviene de conocer la mecánica real del universo, la interconección de todas las cosas. Sólo podemos aprender a ejercer el poder cuando hacemos nuestra esta conciencia.

El poder de los superhéroes es el poder del universo. Es singular, infinito, no filtrado y eterno.

Cierra los ojos y encuentra el silencio que está entre tus pensamientos. El silencio eterno es la verdad que yace en el corazón de la creación; es su alma. Cuando estamos en contacto con él de modo continuo, relacionados con él, comprendiéndolo como nuestra verdadera esencia, entonces somos más poderosos que nunca. Al estar en este vacío, en este infinito y absoluto vacío de la existencia, se tiene una nueva oportunidad de usar la fuerza más poderosa del universo: el poder del amor y la compasión. Es la magia que te define, la que me define a mí, a Daredevil y al resto de los que son de su tipo. El poder de Daredevil proviene de entrar en contacto con la conciencia sutil que lo rodea en todo momento, mientras que el de Supermán proviene de la cruda energía eterna del sol, que le proporciona su vigor y fuerza. Su poder literalmente proviene de estar conectado a una gran fuente, o en su caso, a la fuente de toda energía. En su momento, se crea una persona que pulsa e irradia confianza, carisma, encanto y claridad. En todo momento. Supermán actúa siempre con una dignidad callada y con humildad, porque no tiene necesidad de probar a otros qué tan virtuoso y poderoso es.

Ciertas características de la personalidad se hacen evidentes cuando entramos en contacto con nuestro yo universal.

Somos inmunes a la crítica, pero respondemos ante la retroalimentación. Esto significa que a nivel emocional, psicológico y espiritual, no nos sentimos ni superiores ni inferiores a nadie. Esto no quiere decir que seamos arrogantes, sino que de nosotros irradian una confianza silenciosa y una dignidad que se convierten en falta de miedo y en estar listo para enfrentar cualquier reto. También significa que nunca somos la víctima que se da importancia, puesto que sabemos que darse importancia es una forma de disfrazar la lástima que sentimos por nosotros mismos.

Rechazamos la necesidad de aprobar y de controlar. Esto significa que nuestros actos son independientes de las opiniones de otros y que carecen de expectativas. Nos motivan nuestros propios instintos poderosos y sus resultados evolutivos por sí mismos, y no por que esperemos algún tipo de premio o retribución.

Damos poder a los demás permitiéndoles ser ellos mismos. Esto significa que reaccionamos ante la gente sin prejuicios ni concepciones predeterminadas. Aceptamos a las personas por lo que son y no los obligamos a adaptarse a nuestras necesidades y expectativas. Al hacerlo, damos a otros el poder de expresar también todo su potencial.

El verdadero poder no pertenece ni a ti ni a mí. No puede ser incluido en el cuerpo de un solo ser ni se alcanza siguiendo algunos pasos. Se trata de *ser*. Fluye a través de nosotros cuando estamos conectados con el momento, en contacto con esa profunda fuente de la que surge toda la experiencia, la sabiduría y la existencia, fuente a la cual regresan todas estas cosas en su momento. Es caos contenido, un acto de compasión, gracia, empatía o asistencia que puedes ofrecer a tu vecino en cualquier momento. No hay acto de mayor poder que ayudar a otros en un momento desesperado, sacándolos de sus tinieblas y dándoles poder por medio de la esperanza.

Cuando las personas abrazan verdaderamente su yo superhéroe y entran en contacto con esa suerte de pozo de
poder interior, espontáneamente exhibirán ciertos atributos
que demuestran poder y carisma. Pero antes de que toda la
transformación tenga lugar, podemos comenzar el proceso
de inmediato poniendo nuestra atención en ciertos tipos de
conductas que promueven el surgimiento del yo superhéroe.
La *autenticidad* es uno de los aspectos más importantes del
verdadero poder. Los superhéroes la destacan por encima de
muchas otras cuestiones de importancia. Son honestos y genuinos, dicen lo que dicen con claridad, sin duplicidades, y
alinean sus acciones con las intenciones más altas.

La *intención* es otra cualidad vital en la esencia de lo que es
el poder verdadero. La Biblia tiene razón en el libro de Juan,
que comienza con la línea: "En el principio, fue el Verbo." De
la misma manera, en las escrituras de Oriente se cree que *Om*
es el sonido primordial del universo, el origen de toda la creación. La esencia de estas ideas es que nuestras palabras tienen
poder porque encapsulan nuestras intenciones, que determi-
nan nuestros actos. Por lo tanto, ser consciente de las palabras
que usamos es una cualidad muy importante para dar valor a
nuestro yo superhéroe.

Cuando damos peso a nuestras palabras e intenciones,
nuestras acciones estarán alineadas con el bien mayor. Con
tan sólo dirigir tu atención hacia la persona que aspiras ser,
comenzarás a gravitar en dirección a ese ideal. Así de simple.

Vivimos en tiempos de enorme conflicto, llenos de jihadis-
tas y jingoístas vestidos con un manto de superioridad moral

y supuesta virtud. Acechan detrás de las tentaciones, en la búsqueda vacía del materialismo y con la falsa promesa del tribalismo; así, nos dirigen una vez más hacia nuestros egos, hacia las palabras "mí" y "mío", desconectándonos de la magia profunda y del misterio del universo que nos rodea.

En el mundo de los superhéroes, los héroes y villanos batallan diariamente para controlar el destino del universo. En la vida real, nuestras batallas están hechas a una escala inferior, lo cierto es que un héroe triunfante reside en todos nosotros; estamos llenos, preñados con poder verdadero y listos para reaccionar con precisión, gracia, compasión y confianza. Sólo necesitamos permitir su llegada poniendo atención al presente y siendo conscientes de nosotros mismos y de nuestros sentimientos. La consecuencia será confrontar lo desconocido y luego ganar la habilidad de obtener poder de la sabiduría de la incertidumbre. No se trata de un ejercicio intelectual o del principio de un proceso psicológico deconstructivo, que desmonte nuestras estructuras mentales. De hecho, puede completarse en unos pocos pasos bastante simples.

Para poder cultivar la ley del poder, practica los siguientes principios:

1. *Recibe cada día como un día nuevo.* Un día nuevo es liberarse del pasado. Déjalo ir con todos los resentimientos, amarguras y culpas. Debes saber que aferrarse al resentimiento "es como tomar veneno esperando que

mate a tu enemigo". Ten presente que cada elección es una decisión entre el dolor y el milagro.

2. *Debes estar al pendiente de toda tendencia a reaccionar impulsivamente.* Cuando la gente o las circunstancias provoquen un patrón de conducta habitual, sea ira, testarudez, temor o impaciencia, sólo detente y no dejes de analizar tu impulso a reaccionar hasta que se disipe.

3. *No cedas ante el lujo de la distracción.* Pon atención a lo que es. Escucha y mira con los oídos y los ojos de la carne. Tu cuerpo es una computadora que se conecta a una computadora cósmica, o universo, y monitorea todo lo que sucede a tu alrededor. Te da señales en forma de comodidad o incomodidad. Aprende a descifrar esas señales. Cuando sientas incomodidad en el cuerpo, pregúntate qué sucede y escucha a tu voz interior. La respuesta está ahí. Cuando haces elecciones que evolucionan de manera espontánea, tu cuerpo se siente cómodo, sin indicios de estrés; se siente ilimitado y fundido con el ambiente, como si se tratara de una bailarina de ballet o de un atleta. Todo esto significa ser un buen observador. Escucha a tu corazón. Siente qué sucede. Escucha con el alma. Detente y formúlate las siguientes preguntas; permite que tus respuestas sean espontáneas:

¿Qué estoy observando?

¿Qué estoy sintiendo?

¿Qué necesito en este momento?

4

LA LEY DEL AMOR

El amor, también conocido como compasión,
surge de un sentido del ser universal y de
comprender, por medio de la experiencia, que todo
el sufrimiento está conectado. Los superhéroes
no creen en el engaño de la existencia de un
ser independiente. Al practicar la compasión,
los superhéroes asumen el sufrimiento de otros;
comprenden y reconcilian para después buscar
soluciones creativas y superar cualquier problema
por medio de la alegría y la ecuanimidad.

Para los superhéroes, el amor no es un mero sentimiento o emoción. Es la verdad última que yace en la esencia de la creación.

Llegado a este punto, ya te has familiarizado con el principio central que subyace en las siete leyes espirituales de los superhéroes: no eres quien piensas que eres, especialmente cuando se trata de tu perspectiva particular y de la historia personal que viene y va junto con tus huesos y tu piel. Al contrario, eres infinita expansión de la conciencia, que pulsa en todas las cosas vivas y es canalizada por tu perspectiva. Tú *eres* la verdad que reside en el corazón de la creación, y tus superpoderes están compuestos por tu capacidad de poner en acción las fuerzas que existen en esta conciencia.

Quizás el amor sea el superpoder más poderoso que los superhéroes pueden ejercer.

"Eso no lo sé", respondió Gotham cuando le comenté esta idea. Movió la cabeza mostrando escepticismo. "Percepción extrasensorial, fuerza infinita, dominio sobre los elementos, capacidad de viajar en el tiempo... La verdad es que existen un montón de superpoderes que son a un tiempo simples y esotéricos, ¿pero el amor?". Su voz se perdió.

Sonreí. "Piensas las cosas desde el punto de vista equivocado. No me refiero al amor romántico, con emociones y afectos caprichosos que, estoy de acuerdo, pueden llegar a ser fugaces. Me refiero a otra cosa. Es algo más hondo." Los superhéroes experimentan amor como el misterio último de toda la existencia. El amor sigue siendo un misterio para ellos, aun cuando ya lo hayan experimentado en plenitud, porque ellos *son* el misterio. Los superhéroes se percatan de que, como los seres humanos crecen en dirección a la libertad, se da una progresiva expansión de su experiencia amorosa.

"De acuerdo", asintió Gotham intrigado y dispuesto a comenzar a andar cuidadosamente en este camino.

Vi la oportunidad y decidí hablar en su lenguaje. Le probaría mi punto citando una o dos historias de superhéroes. Pero en este caso no haría yo referencia a superhéroes vestidos con mallas y capas, sino a dos que muy probablemente hayan tenido el máximo impacto sobre la civilización.

De acuerdo con su costumbre después de pasar el día en el templo, Jesús se retiró a una colina llamada Monte de los Olivos. Sus discípulos acostumbraban seguirlo en momentos similares, pues el maestro solía compartir sus pensamientos y dar lecciones, pero esa noche las cosas fueron diferentes. Después de un rato, Jesús se apartó del grupo, se arrodilló y comenzó a rezar.

De acuerdo con los evangelios, la postura de Jesús para esta oración era distinta de las que solía adoptar. Por lo regular, los judíos oraban de pie, con la espalda muy recta y elevando la mirada al cielo. Al arrodillarse, Jesús daba a entender que la urgencia y humildad requeridas para esa ocasión eran diferentes de las anteriores. Entonces rezó: "Padre, si quieres, aparta de mí este cáliz. Pero que no se haga mi voluntad, sino la tuya."

Transcurría la noche anterior a su crucifixión y Jesús estaba al tanto de lo que sucedería al día siguiente. Sentía el peso de su destino y temió no tener la voluntad de resistirlo, por lo que buscó la ayuda de Dios para obtener la fuerza necesaria.

La última noche de Jesús en el huerto de Getsemaní (al pie del Monte de los Olivos), representa su deseo de sacrificar su propia vida por amor a la humanidad. Es su momento definitivo, pues comprende qué debe hacer exactamente para salvar a su gente y convertirse en el héroe que está destinado a ser. Es la ley del amor puesta en acción. Estamos ante el poder que deriva de una compasión tan profunda que demanda un sacrificio amoroso.

Jesús sacrificó su vida por el bien de la humanidad. Buda sacrificó sus instintos básicos para llegar a la iluminación. En las tradiciones espirituales, la meta última es la verdadera liberación espiritual, quedando libre de todo lo conocido y del ciclo de sufrimiento.

En nuestra cultura, por lo general, pensamos en este hecho imaginando a un monje que medita en una cueva o que lleva una vida tranquila encerrado en un monasterio para, después, desvanecerse en el anonimato. Pero éste no fue el caso de Buda.

Buda o "el iluminado", como fue conocido por sus discípulos en esta fase de su vida, decía que había una etapa más evolucionada que la iluminación y la liberación personal del sufrimiento. Consistía en compartir con los demás la sabiduría obtenida y la experiencia de ser guiado por las alturas, pues al compartir se eleva también a los demás al mismo nivel. Estamos ante la compasión en plenitud. He aquí el amor como superpoder supremo, codificado en autoconocimiento y autoconciencia.

Buda llamaba *bodhisattvas* a quienes habían evolucionado hasta esta etapa en que se comparte la verdad última. No debe sorprendernos que la palabra *bodhisattva* signifique "con mentalidad heroica" o, para utilizar palabras comunes, "superhéroe".

Los grandes profetas de diversas religiones ciertamente se encuentran entre los superhéroes más poderosos e influyentes de todos los tiempos. Además de Jesús, Buda, Moisés, Krishna y Mahoma, hay otros buscadores legendarios por su liderazgo, visión y conciencia. En todos los casos, comprendieron el principio de que los verdaderos líderes están íntimamente conectados con sus seguidores a nivel emocional y espiritual. Esa conexión es la raíz de sus superpoderes.

Los superhéroes no enseñan principios ni dogmas, sino que viven con base en los ideales que componen dichos principios o dogmas. Esos ideales —la verdad y la bondad, el amor y la compasión, la empatía y la filantropía— están codificados en su ser, y cada acto que realizan, cada pensamiento y toda intención subyacente, oculta, es una expresión viva de su desinterés. Los superhéroes como Jesús y Buda constituyen la más alta expresión de nuestra civilización, porque son total y completamente conscientes. Al conocer la relación holística entre el yo individual y el yo superior, están perfectamente conscientes de todos y de todo lo que los rodea en cada momento. Este intercambio espontáneo de energía y emociones no es temporal. Los superhéroes no *sienten* compasión cuando enfrentan la adversidad o cuando se encuentran con alguien que sufre. Ellos *son* la compasión. Para la mayoría de nosotros, el amor y la compasión son emociones temporales y muy personales dictadas por un actitud o circunstancia dominante. Pero poco a poco se esfuma la empatía cuando la actitud o las circunstancias cambian. No en el caso de los superhéroes. Ellos perciben estas cualidades de manera distinta; están sumidos en el flujo permanente del amor y la compasión. A ellos no los barre la ola de sentimentalismo cuando atestiguan la pobreza o el extremo sufrimiento, ni los abruma la euforia de la adulación y el éxito. Para los superhéroes, éstos son impulsos que surgen de una sola energía, la misma que pulsa en su interior. Saben que esa energía es absoluta, aunque está filtrada por la experiencia, la memoria y el contexto que da un punto de vista único. Al tanto de esto, los superhéroes puedes experimentar muy hondo las mismas emociones que los demás, pero reaccionan con sabiduría, sobriedad y creatividad.

Los superhéroes comprenden que la conducta violenta busca llamar la atención y, por lo tanto, es un llamado del amor. Sabiendo esto, no experimentan superioridad moral ni sienten la necesidad de emitir juicios. Saben que la gente está haciendo su mejor esfuerzo desde su nivel de conciencia. No buscan evangelizar o imponer su punto de vista a los demás. Al contrario: son capaces de ver las cosas desde el punto de vista de los demás sin dificultad alguna, evalúan las condiciones y buscan una forma creativa de seguir adelante.

Los superhéroes saben que el ego significa falta de amor y tienen un muy limitado sentido del yo. El ego no deja espacio al amor real y disminuye la calidad de vida en general. Para decirlo llanamente y con el lenguaje de los superhéroes, estamos ante un archivillano. Y no olvidemos que el mal es una perversión del amor, de amor perdido, por lo que se experimenta una necesidad desesperada de recuperarlo.

¿Luchan contra el mal los superhéroes? Sí. Pero no tienen motivos personales en esta guerra. Al hacer a un lado los intereses personales, los superhéroes son guerreros cósmicos que se alinean con las fuerzas de la verdad, la bondad, la belleza, la compasión, la ecuanimidad y la armonía. Vencen a la oscuridad por medio de la luz. Incluso cuando tienen pocas o nulas posibilidades de triunfar, comprenden que es su responsabilidad enfrentar los retos que el mundo les ofrece. Los superhéroes se sacuden la desesperanza y asumen los problemas que los rodean como si fueran propios. No debemos confundir esto con bravuconería, arrogancia o narcisismo; sucede simplemente porque los superhéroes están literalmente conectados con su ambiente.

La compasión es una emoción orgánica, viva, que respira y vibra a través de ellos y los vincula con quienes los rodean.

Los superhéroes son líderes, y los líderes saben que tanto ellos como las personas a quienes lideran son un solo organismo. Están íntimamente relacionados y conscientes de que, para evolucionar, debe existir equilibrio emocional, coordinación e integración entre ellos.

Ver el mundo desde la perspectiva de otros equivale a aprovechar su huella emocional para comprender el mundo a través de ellos. Éste es el verdadero poder del amor. La compasión, la valentía y la creatividad dan poder a los superhéroes y motivan todos sus actos e intenciones.

"Lo he estado pensando", me anunció Gotham algunos días después. "Puede que tengas razón respecto del amor como superpoder." Había estado revisando montañas de cómics que tenía en su casa, además de los que guardaba en su recámara de la nuestra (no hemos cambiado nada en su habitación; es como conservar una versión anterior de Gotham). "Permíteme contarte la historia de Silver Surfer."

En el planeta Zenn-La, un astrónomo joven y patriota llamado Norrin Radd hace un trato con una poderosa entidad cósmica llamada Galactus, que tiene un apetito voraz por todo tipo de energía, que se agudiza en el caso de los planetas llenos de vida. Para salvar Zenn-La de la aniquilación, Radd se une a Galactus prometiendo ser su heraldo. Galactos brinda a Radd un poco de su infinito poder (conocido como "poder cósmico") y le da el trabajo de deambular por el universo en una tabla de surf (fantasía que Radd había tenido desde niño; de ahí el nombre de Silver Surfer) en busca de nuevos planetas que consumir. Al principio, Silver Surfer no es muy bueno que digamos en su trabajo, pues sólo encuentra planetas desolados para que su amo los consuma. Al notar esto, Galactus interviene para retirar a su seguidor el sentido del discernimiento, tornándolo moralmente indiferente al destino de los ciudadanos que habitan los mundos que le interesan. Como resultado, Surfer se convierte en un empleado brillante que identifica incontables planetas para que su mentor consuma y destruya, matando a millones en el proceso. Juntos constituyen una verdadera plaga universal que realiza genocidio tras genocidio sin sentir absolutamente ninguna emoción.

Sin embargo, las cosas cambian cuando Silver Surfer llega a las costas del planeta Tierra. Allí es confrontado por cuatro superhéroes (conocidos como Los 4 Fantásticos). Al luchar con ellos, es conmovido por su nobleza de un modo que jamás hubiera podido imaginar. Desafía a Galactus y lo derrota. Galactus se retira, pero antes de hacerlo impide que Surfer pueda viajar por el resto del universo y lo confina a la atmósfera terrestre.

Atrapado en la Tierra, Surfer comienza a observar nuestro planeta en todo su esplendor. Aunque es tremendamente poderoso, nada entiende sobre el bien y el mal, ni sobre lo sagrado y lo profano, la paradoja misma de la existencia humana. Surfer conoce a una escultora ciega; por medio de esta interacción y gracias al buen trato que de ella recibe, comienza a desarrollar un profundo sentido de la compasión.

Plenamente inmerso en el mundo humano, Surfer comienza a descubrir nuestras complejidades y contradicciones: el mal, la crueldad, el engaño y la desesperación, tan comunes en el entorno humano, coexistiendo con la belleza, la amabilidad y la esperanza. Ahora, en lugar de limitarse a observar, Surfer incorpora estas virtudes a su ser. Se convierte en estas virtudes. Lo guía un hondo sentido de la compasión. Así se convierte en un nuevo tipo de superhéroe cuya misión es lograr que la injusticia y el mal se conviertan en dignidad y bondad. Además de Galactus, el Doctor Doom y Mephisto se convierten en los archienemigos de Silver Surfer. Estamos ante villanos perversos y traidores que intentan mantener al mundo en un eterno Armagedón. Pero Surfer acepta el reto e incluso llega a convertir a algunos villanos. Movido por su inextinguible sentido de la compasión hacia los sufrientes, Surfer se convierte en un guerrero del bien en todo el universo, en un verdadero superhéroe que sólo responde ante el pulso del amor que en él habita. "¡Ahora vuelvo a montar los vientos eternos, y nadie será mi amo!".

Los superhéroes como Silver Surfer no sólo participan de las virtudes de la conciencia elevada, sino que las encarnan. Al igual que sucede con los grandes profetas, su desinterés integra los ideales más valorados como civilización. Cuando los superhéroes miran al mundo y a todos los que en él vivimos, se ven a sí mismos y se preguntan: "¿En qué puedo ayudar para mejorar las cosas?".

Como ya hemos dicho, la conexión entre los superhéroes y nosotros no es descabellada, y lo mismo sucede en nuestra relación con los grandes profetas. Científicamente hablando, en este mismo momento, un millón de átomos que pertenecieron al cuerpo de Jesucristo o Buda están hoy en el tuyo. Y no sólo compartimos la materia con los grandes profetas, sino que puede decirse lo mismo de los más viles criminales. Si pudiéramos dar seguimiento a los átomos por medio de isótopos radiactivos, descubriríamos al menos un millón de átomos que alguna vez estuvieron en el cuerpo de Genghis Khan u Osama Bin Laden. Por tu cuerpo han pasado un cuatrillón de átomos que han estado en los cuerpos de todas las especies vivas de la tierra. No se trata de una metáfora cuando afirmamos que todos estamos relacionados; se trata de una verdad de la existencia.

Los superhéroes comprenden esto a nivel intuitivo. Como resultado, no perciben los problemas del mundo como si fueran ajenos de los suyos. Su cuerpo individual es el cuerpo universal. Así, se percatan de que conectarse con el yo es estar conectado con el universo y todos sus habitantes. El sufrimiento de otro es el propio. Esta intimidad tiene sus efectos particulares: una inquietud que los superhéroes no pueden ignorar.

Desde una perspectiva práctica, los superhéroes son la representación de nuestro yo superior. Los creamos como modelos de conducta. Su capacidad de ser compasivos y emanar amor es parte de nuestro sistema colectivo de creencias. No obstante lo anterior, es más importante aún señalar que estas habilidades conforman una parte fundamental de nuestro potencial como seres humanos. Todos tenemos la capacidad de cultivar la ley del amor y también somos testigos de cómo la compasión puede cambiar nuestras vidas.

Ninguna otra especie tiene nuestro potencial. Somos los únicos capaces de crear poesía shakesperiana, música de Mozart o adentrarnos en los misterios del universo, llevando más allá los límites de la ciencia y la tecnología al formularnos las grandes preguntas para conocer nuestro propósito, nuestra razón de ser en el mundo. La paradoja de nuestra existencia es que también somos la única especie cuyos miembros hacen la guerra entre sí, perpetrando horribles crímenes, institucionalizando rivalidades tribales (en el nombre de Dios), y utilizando los avances tecnológicos y científicos con propósitos diabólicos. Los superhéroes ven esto como un incesante flujo de energía, como la expresión puntual de la singularidad que se expresa en multitud de formas. Y aun así, su respuesta nunca varía: enfrentan todos los retos y conflictos con humildad e integridad. No importa que las opiniones estén en su contra ni la magnitud del reto: los superhéroes nunca retroceden. Enfrentan el futuro con valentía, creatividad y, sobre todo, compasión.

Muchos interpretan esto como un llamado a la acción para enfrentar los problemas del mundo por medio del activismo puro. Pero la verdad es que cualquier tipo de acción evangelizadora tendría el efecto contrario, alejando a los posibles seguidores. En cambio, la transformación real es más bien de naturaleza local. Opera por medio del principio que Mahatma Gandhi enseñó: "Conviértete en el cambio que quieres para el mundo." En otras palabras, si quieres aumentar la presencia o circulación de algo en el mundo —en este caso hablamos de compasión y amor o bondad— debes convertirte en el principio eficiente de ese cambio. De este modo, el cambio logrará filtrarse y tener efectos en todo y todos los que te rodean.

Un acto compasivo puede ser tan simple como ofrecer ayuda a tu vecino, o escuchar los problemas de tus amigos. También puede tratarse de algo tan sutil como hacer un cumplido a un extraño o rezar por alguien que está sufriendo. Puede que los ejemplos mencionados parezcan pequeños e insignificantes, pero no es así. Activan el poder de la intención, lo que lleva a resultados tangibles.

Debemos agregar algo muy importante: para que esto funcione, tus intenciones deben ser genuinas y no debes esperar nada a cambio. En realidad, cuando liberas buenas intenciones en el mundo, inevitablemente regresarán a ti de alguna forma. Tal es la naturaleza del universo y funciona sin falla, incluso cuando no seamos concientes de ello. Únicamente debemos ofrecer atención, afecto y aprecio —las maneras más sutiles de demostrar compasión— si nuestras intenciones son auténticas. De ser el caso, serás testigo del enorme poder que tienen esas intenciones. Quienes reciben estas energías aumentan su poder inmediatamente. En otras palabras, son alentados a transitar su propio camino hacia la versión superheroica de sí mismos. También tú notarás los efectos cuando ofrezcas amor y apoyo a los demás. Es sólo otro ejemplo de cómo funciona el intercambio dinámico y el poder que reside en todos nosotros.

Cuando comiences a integrar estos actos e ideas, ten en mente las características y estadios más sutiles de amor para que logres expresarlos de la mejor manera posible. Los superhéroes han realizado su propio viaje evolutivo por las diversas etapas del amor, valiéndose del espejo de las relaciones. Comprenden que todas son un reflejo del yo. Hagamos un recorrido para saber cómo serán las diversas etapas del amor en nuestras vidas.

La primera etapa que experimentamos del amor es la de *atracción y repulsión*. Si ponemos atención, nos daremos cuenta de que nos sentimos atraídos por las personas que poseen características muy semejantes a las nuestras, pero más desarrolladas, lo que nos ayuda a mejorar. A la inversa, nos repelen aquellos en quienes vemos características semejantes a las que negamos o reprimimos en nosotros mismos. Por consiguiente, debemos preguntarnos incesantemente: "¿Cuáles son las características que me resultan atractivas? ¿Cómo puedo hacerlas propias? ¿Qué características me repelen?". Al reconocer esas particularidades en nuestro ser, reconocemos también que hay cosas buenas y malas en nuestro interior.

Ahora comprendemos que tener características negativas no es una falla, equivale a estar completos. Como resultado de esta honestidad con nosotros mismos, comenzaremos a irradiar una humanidad simple y sin afectación que nos hará naturales y, por lo tanto, más atractivos en todo momento.

Conforme pasamos de la primera a la segunda etapa del amor, adquirimos una característica llamada *segunda atención*. La primera es la capacidad de ver lo que todos los demás ven. Por otro lado, la segunda atención nos permite ir más allá de las apariencias y comprender intuitivamente las capas más profundas y los contornos de todas las relaciones. Podemos superar este nivel cultivando el arte de escuchar y apreciar, que consiste en sentir lo bueno de los demás mostrando afecto en reciprocidad. La segunda atención nos permite adentrarnos en la tercera etapa o estadio del amor, que es la *comunión*. La verdad es que todos tenemos la capacidad de comulgar con las almas de los demás. Al estar en comunión, tratamos a todos como iguales y mostramos honestidad e integridad en todas nuestras interacciones.

La comunión nos permite entrar en la cuarta etapa del amor, que es *la intimidad con nosotros mismos y con los demás*. Cuando uno demuestra intimidad consigo mismo y los demás, afirmamos que nos sentimos bien a pesar de la vulnerabilidad, dejamos de darnos importancia, sabemos vivir el presente, tenemos noción de infinitud y nos sentimos bien siendo completamente naturales. La intimidad lleva a vivir sin ataduras, pues el amor adquiere una dimensión que supera lo que sólo es personal. Al no tener ataduras, cedemos en nuestra necesidad de controlar, manipular o seducir. El amor irradia de nosotros como la luz de la hoguera, sin concentrarse en nadie y sin serle negado a nadie.

En esta libertad encontraremos la senda que conduce a la pasión verdadera. Es el desenvolvimiento de las energías arquetípicas masculinas y femeninas de nuestro ser. Las cualidades masculinas incluyen acción, fuerza, iniciativa y poder. Las cualidades femeninas se muestran como belleza, intuición, cuidado, afecto y ternura. La exquisita combinación de ambos tipos de energía, da la chispa de pasión a nuestros actos. Y lo imposible se hace posible. Finalmente llegamos al raro estadio de la *trascendencia*. Vivimos la felicidad física por medio de la delicia de la experiencia sensorial. Éste es el ámbito del éxtasis místico que surge cuando entramos al dominio de la conciencia universal, cuando sentimos la unidad con lo divino. En este estado, hemos superado la experiencia misma de la ley del amor, de hecho nos convertimos en parte de dicha ley. Y finalmente podemos decir: "Soy la verdad, y la verdad es el amor."

La ley del amor es lo más poderoso que podemos descubrir. Debes comprender que, a lo largo de cada etapa del amor, la compasión transformará nuestros pensamientos y actos. Para poder activar de inmediato esta fusión del amor y la compasión, he aquí algunos consejos que pueden serte útiles:

1. *Comprende que todas las relaciones son un reflejo.* Piensa en todas las personas por las que te sientes atraído, y en aquéllas por las que sientes repulsión. Crea una lista de las características que en ellos detectas e identifícalas en tu persona. Al hacerlo, te darás cuenta de que todos en el mundo compartimos la conciencia

y ya no tendrás la necesidad de juzgar a los demás con ligereza.

2. *Debes saber que las personas hacen lo que pueden desde su nivel de conciencia.* Entender esta idea te llevará a ser más desapegado y a soltar la necesidad de controlar a los demás. Acepta a las personas como son. Y en todo momento debes estar dispuesto a perdonar.

3. *Toma nota de esos momentos llamados experiencias límite, pues constituyen tus devaneos con lo divino.* Se trata de momentos de alegría y trascendencia en que se pierde la medida del tiempo. Estos momentos suelen tener lugar ya sea en la reflexión silenciosa (meditación), o en la actividad intensa (yoga, ejercicio físico riguroso, sexo). Se trata de esos instantes en que te fundes con la experiencia y dejas de juzgarte o evaluarte. Permite que estos momentos se conviertan en tu ancla.

5

LA LEY DE LA CREATIVIDAD

La creatividad es una de las leyes más
prácticas que podemos dominar. Es la fuerza
principal que impulsa la vida. Los superhéroes
comprenden la importancia del cambio y
de liberarse de conductas y pensamientos
repetitivos y destructivos. Al actuar conforme
a esta sabiduría, los superhéroes tienen la
habilidad de conquistar cualquier reto u
obstáculo que se interponga en su camino.

Aunque nunca me he considerado particularmente religioso, mi madre lo era. Cada mañana, rezaba al dios hindú Rama para obtener su guía y el bienestar de nuestra familia. Cuando podía, nos obligaba a mi hermano Sanjiv y a mí a unirnos al ritual. Condescendientes, nos arrodillábamos e inclinábamos las cabezas (intercambiábamos miradas de complicidad sin que ella lo advirtiera) mientras mi madre recitaba cantos familiares. Esto duraba entre diez y treinta minutos, dependiendo del tema que ocupara a mi madre en esa época: nuestras calificaciones, la buena fortuna para mi padre en el trabajo, el bienestar de algún vecino que se había ganado su aprecio. Hasta ahí llegó mi relación formal con la divinidad siendo niño. A pesar de que los dioses siempre estuvieron presentes en mi vida —en la India, al igual que sucede en la mayoría de los países del mundo, es imposible caminar una cuadra, subirse a un taxi o conversar sin que alguien haga mención de Dios o la religión— nunca acudí a ellos para obtener guía o evaluación espiritual. Pero aunque mi madre nunca nos obligó a mi hermano y a mí a ser devotos practicantes, se las arregló para convertirnos en admiradores de los dioses. Me fascinaba leer sobre las hazañas de Rama y buscar historias semejantes en otras culturas; es posible encontrar historias similares en los grandes relatos grecorromanos o en los magníficos cuentos persas. Dos relatos destacaban del resto: el de Rama, cortesía de la devoción de mi madre, y el de Ícaro, hijo del arquitecto griego Dédalo. Ambos eran aventureros de primer orden, desafiaban los códigos que regulaban a los de su tipo y exploraban las fronteras que otros apenas soñaban.

La historia de Ícaro comienza con su cautiverio. El poderoso rey Minos ha encarcelado a Dédalo e Ícaro en la isla de Creta, como castigo por haber revelado los secretos del laberinto que habían construido para él. Desesperados por escapar, Dédalo pone a trabajar su imaginación y, usando plumas y cera, construye un juego de alas para él y para su hijo. Con éstas, escaparían del laberinto y de la isla. Sin embargo, antes de iniciar su aventura, Dédalo advierte a Ícaro que no vuele muy cerca del sol, puesto que la cera se derretiría y las alas terminarían por desintegrarse.

Desde luego, en cuanto comienzan el vuelo, Ícaro es incapaz de detenerse: echa un vistazo al cielo infinito y a la luz solar que cada vez parece más intensa. En la vasta enormidad que le rodea, Ícaro siente el impulso de poner a prueba los límites que él mismo se ha impuesto; le nace un deseo ardiente por explorar lo desconocido. A pesar de las advertencias de su padre, Ícaro comienza a volar cada vez más alto. Y, por supuesto, sucede lo que su padre temía: al acercarse demasiado al sol, el calor derritió la cera que unía a las plumas, e Ícaro se desplomó al mar.

A lo largo de milenios, la historia de Ícaro ha funcionado como alegoría para ilustrar el alto precio que se paga cuando se toman riesgos extremos, o cuando se rompen las reglas. Al desafiar las instrucciones de su padre y volar muy alto, Ícaro causa su propia desgracia. La sabiduría convencional concluye que la vida moderada es una mejor opción. Pero esta historia también puede interpretarse de otra manera. Ícaro es semejante a muchos otros héroes de los mitos antiguos —Rama, Odiseo, Gilgamesh, por nombrar unos cuantos— que siguieron su propio camino, asumiendo en ocasiones riesgos demasiado grandes. Ícaro se atrevió a volar hasta donde otros no se atreverían jamás, para intentar mirar el cielo y comprender sus lecciones. Al igual que Dionisio, que se aventuró en los bosques oscuros, desafió a los dioses y se permitió participar en legendarios juegos amorosos, Ícaro era juguetón y travieso, un rebelde que ponía a prueba los límites y estaba hecho del material del que se hacen las leyendas.

En la mitología hindú, el equivalente de Dionisio es el Señor Krishna, quien siendo joven bailó amorosamente en los bosques con las voluptuosas mujeres que lo adoraban. Incluso entre los demás dioses, Dionisio y Krishna eran despreciados por violar conductas tabú, y se les tenía por lunáticos que operaban fuera de las convenciones.

Eso es precisamente lo que hacen los grandes héroes. Extienden los límites, cuestionan la autoridad, desafían las reglas, violan protocolos, y no sólo violan tabúes, sino que los hacen pedazos en un dos por tres. En el proceso, realizan

algo bastante innovador: abordan cada reto con creatividad
y comprenden el principio esbozado por Einstein: "Ningún
problema puede ser resuelto desde el mismo nivel de conciencia que lo creó." Alguna vez, pensadores como Albert Einstein, Galileo Galilei, Leonardo Da Vinci, Mahatma Gandhi,
Amelia Earhart, Thomas Edison, Eleanor Roosevelt y Martin
Luther King Jr., probaron una y otra vez que este axioma era
correcto.

Los superhéroes existen fuera del mundo de las convenciones. Su pensamiento sale de lo común. Tienen la habilidad de
resolver problemas y los resuelven no sólo *pensando* creativamente, sino *convirtiéndose* en la creatividad misma.

Los superhéroes reconocen su esencia como pura creatividad. No se conforman con las soluciones creativas para cada
problema, pueden inventar situaciones y circunstancias que
nunca antes existieron. Pueden activar un contexto enteramente nuevo en que se puede desarrollar un mundo también
nuevo.

Antes de seguir adelante, empecemos por entender qué es
la creatividad exactamente. La creatividad es un salto de conciencia que trae nuevo significado o nuevo contexto a cualquier situación o problema. Los significados nuevos tienen
lugar cuando se da un cambio de perspectiva. Cuando in-
terpretas un problema como una oportunidad, se trata de un
cambio de significado. Un nuevo contexto resulta de un cambio en la manera de comprender las relaciones que operan en
una situación determinada. Una obra de Shakespeare repre-
sentada en la era moderna, puede producir nuevas formas de

interpretar las condiciones sociales. Cuando cambian el contexto y el significado, surge algo nuevo y dinámico. Los superhéroes nunca se desaniman, sin importar qué tan difícil sea la situación. Dado que la palabra "problema" no forma parte de su vocabulario, únicamente ven retos y oportunidades. Saben que en toda adversidad está la semilla de algo magnífico. Los superhéroes no se preocupan buscando respuestas. No les sirven para nada. Viven las preguntas y después *llegan gradualmente a las respuestas*. En su mundo, nada sale mal. Nada puede salir mal porque no están atados a ningún desenlace. Aceptan al mundo conforme se va desenvolviendo frente a ellos, reaccionan de manera adecuada y luego avanzan en la dirección que desean.

La ley de la creatividad es parte importantísima del arsenal de los superhéroes, porque quizás es el poder más práctico que tienen. ¿Quién no enfrenta retos en el trabajo, las relaciones personales, las finanzas o incluso respecto a la fe? Cada día, el mundo nos confronta con decisiones que pueden alterar todo lo que creemos que nos define. Sin embargo, cuando enfrentamos un reto, un conflicto o una decisión, la mayoría de las veces tendemos a tomar la misma decisión adoptada antes. Caemos en viejos hábitos y rutinas, y a veces, espantados por la incertidumbre y la perspectiva de un futuro incierto, ignoramos nuestros mejores instintos.

Estamos ante un fenómeno extraño, pues no queda enteramente claro por qué sucede. Siendo niños, la mayor parte de nosotros puede recordar épocas de maravilla e imaginación. Construimos castillos de arena en la playa, hacemos fuertes con sábanas y muebles, representamos obras de teatro con muñecas, osos de peluche, soldados de plástico y personajes Lego. Conforme nos hacemos adultos, vamos dejando de lado la imaginación a favor de las llamadas reglas y códigos de responsabilidad. Nuestros cerebros literalmente pierden su capacidad de expansión, adaptación, transformación y evolución. Como resultado, nos condenamos a un mundo de repetición, tedio y monotonía. Sofocamos nuestra propia evolución y nos negamos la oportunidad de alcanzar todo nuestro potencial. En términos narrativos, eliminamos todo el suspenso, las vueltas de tuerca y los momentos de revelación y redención de nuestro propio relato. Nos conformamos con algo predecible porque nos hace sentir más seguros, incluso si tiñe de aburrimiento la experiencia misma de ser humano.

La creatividad es la fuerza principal que impulsa la vida toda, la evolución, y las mecánicas de la ciencia. Veamos un ejemplo que ilustra esto.

La mayoría de las personas sabe que las orugas pasan por un proceso de transformación que las convierte en mariposas. La transformación comienza a nivel celular, alentada por un grupo específico de células conocidas como "células imaginales." Estas células son diferentes de las demás porque contienen el código genético de algo enteramente distinto llamado mariposa. Estas células imaginales son tan distintas del resto de las células de la oruga que, de hecho, ponen a funcionar el sistema inmunológico, que trata de enfrentar a las células imaginales. No obstante, llegado ese momento, las células imaginales ya están activas. En respuesta a la resistencia de las células ordinarias, las imaginales comienzan a replicarse y diseminarse. En principio, la fricción entre los dos tipos de células es casi violenta, y es difícil saber qué tipo ganará la lucha. Las células —al igual que las personas— ganan fuerza por su número, de modo que las imaginales se agrupan para unir fuerzas y vencer a las otras, las originales. Juntas, las células imaginales comienzan a compartir energía e información entre sí. Como resultado, empiezan a vibrar y resonar a la misma frecuencia, intensificando su fuerza. Imagina a un ejército alistándose para la guerra. ¡Comienzan ahora las emociones!

La batalla con las células normales sigue su curso. Ahora, dado que las imaginales son más fuertes y poderosas en su frecuencia unificada, comienzan a vencer a las normales. Pero en algún momento del proceso, la resistencia de las células normales se detiene: empiezan a agruparse con las imaginales y adoptan la misma vibración y frecuencia. El agrupamiento de células se convierte en crisálida; todas las células se mueven en la misma dirección y la crisálida es una suerte de máquina zumbadora. En este momento tiene lugar la transformación misma. La oruga da un salto cuántico y se convierte en algo enteramente nuevo e innovador: una bella mariposa.

A este proceso no le falta nada para ser un milagro. Equivale a llevar tu bicicleta a reparar para encontrarte con que, una semana más tarde, te regresan un avión. Así de radical es la creatividad de la naturaleza. Claro: si hubieras estado en el taller de reparación de bicicletas la semana entera, habrías podido observar la mecánica del milagro conforme sucedía.

Los superhéroes comprenden la anatomía de esta transformación cuántica y reconocen que la evolución es la mecánica de la creación misma. El universo nació hace trece mil ochocientos millones de años, formándose de la nada hasta ser un pequeño punto, mucho más pequeño que el punto final de esta oración. Desde entonces hasta el momento actual, el universo se ha estado expandiendo no sólo hacia el infinito, sino que también han aumentado su complejidad y sus expresiones inteligentes. La culminación de este proceso es el sistema nervioso humano, en donde se experimenta la conciencia del propio ser. Los superhéroes ven este proceso de generación y se ven a sí mismos conforme el universo se reconoce a través de ellos. Son los ojos del universo mirándose a sí mismo.

Ahora, justo en este momento, tienes la oportunidad de transformar tu vida. Al igual que la solitaria célula imaginal que detona la metamorfosis de la oruga en mariposa, también tú puedes producir por medio de tu creatividad una alteración radical de tu vida y de la de quienes te rodean. No estamos ante un simple juego mental consistente en "cambiar de actitud", sino que se trata del resultado de una verdadera progresión metódica cuyos pasos pueden ser analizados por separado y comprendidos.

Los superhéroes comprenden que la creatividad no es un impulso, sino un proceso. Los superhéroes se convierten en maestros de este proceso al dominar el poder de la creatividad por medio de nueve pasos específicos. He aquí cómo puedes tú acceder a la ley de la creatividad en tu vida:

1. *Resultado esperado.* Debes tener una visión clara del resultado esperado. ¿Qué quieres crear y manifestar en tu propia vida? Imagina tu creación. ¿Cómo luce? ¿Qué se siente? ¿A qué sabe? ¿Suena? Los superhéroes no se permiten nociones caprichosas que vienen y van por su mente; tienen metas vivas, que respiran, multidimensionales, que esperan en el umbral de lo no expresado para manifestarse. Comprenden que toda intención en este estado terrenal del ser es realidad que espera ser vida.

2. *Recopilación de información.* Reúne toda la información que necesites para lograr ese resultado particular que deseas. El resultado esperado puede ser un estado del ser, como la buena salud y un aumento de energía, o la adquisición o manifestación de algo material. Los superhéroes comprenden el poder de la expresión que dice: "La información es poder." Saben que, con la infusión correcta de energía, atención e intención, ese conocimiento se transforma en sabiduría, misma que alinea todas sus acciones con las fuerzas evolutivas del universo.

3. *Análisis de la información.* Sopesa los pros y los contras de cada opción en relación con el resultado esperado. Escucha y reflexiona lo que diga tu instinto antes de

actuar. Imagina cada escenario sin hacer juicios ni evaluaciones. Los superhéroes comprenden que cada elección es la puerta a un futuro diferente y tienen a su disposición un número infinito de futuros. Son capaces de ver la cadena karmática de las decisiones que se origina a partir de una sola elección.

4. *Incubación.* Incubar significa dejar ir, lo que se hace mejor por medio de la meditación. Como sea, existen muchas formas de meditación: la música, la danza, la meditación que se realiza sentado, la poesía, el contacto con la naturaleza, e incluso el sueño. (Los superhéroes usan el sueño para ventaja suya.) Durante la fase de incubación, los superhéroes permiten a la mente inconsciente procesar información que es relevante para lograr el resultado deseado. Esta comprensión inconsciente aumenta cuando hay maestría en la sabiduría de la incertidumbre y el desapego. En otras palabras, la incubación está arraigada en el presente y alejada de expectativas futuras. La incubación lleva espontáneamente a la experiencia visionaria, es un salto cuántico en creatividad. Si la visión obtenida es auténtica, conduce a la inspiración.

5. *La experiencia visionaria.* Es la habilidad para ver más allá de lo conocido. Ocurre cuando el significado y el contexto han sido integrados por los superhéroes y pueden ver con limpieza la secuencia de sucesos

que resulta de una sola elección. Esta experiencia proviene también de un lugar libre de juicios. Los superhéroes reconocen que la motivación es mental y, por concecuencia, débil, pero que la inspiración en cambio es espiritual, primordial y, por lo tanto, incontenible cuando proviene de un lugar puro y auténtico.

6. *Inspiración.* Estar inspirado significa, literalmente, estar "en espíritu", o en sincronización con un universo mayor. Es una unión entre lo conocido y lo desconocido, equilibrio y armonía de todas las fuerzas en el universo. Los superhéroes reconocen este poder inherente de sinergia y maximizan la energía que le proporciona a su ser.

7. *Implementación.* Cuando los superhéroes actúan al fin por inspiración, lo hacen en consecuencia con fineza, buen tiempo, confianza e intuición. Esta activación de la inspiración sucede en sincronización última con todo lo existente en el universo.

8. *Integración.* Una vez que se ha implementado una creación, surge una nueva encarnación. Una nueva forma ha nacido, una situación enteramente nueva. La creatividad es la culminación de esta cadena de sucesos: la muerte de lo viejo y el surgimiento de algo nuevo. Lo que a otros puede parecer enteramente nuevo, al superhéroe le parece el producto de un proceso que han catalizado por medio de su conciencia.

Debido a que el mundo es una proyección de nuestras decisiones personales e historias internas, si seguimos haciendo las mismas elecciones una y otra vez, repetiremos las mismas historias una y otra vez, y entonces sí que el mundo comienza a adquirir un aspecto maldito. Albert Einstein dijo una vez que la definición de la locura consistía en "hacer lo mismo una y otra vez esperando un resultado distinto." Desafortunadamente, la historia de la civilización humana ha reflejado esto en más de una ocasión. Nuestras guerras sin fin en pos de una paz infinita son una triste contradicción.

Aun así, incluso en este torbellino de locura, cada momento revela una nueva oportunidad para reencontrarnos con el mundo como lo queremos. Aquí y ahora, se nos presenta la opción de la respuesta creativa. Y dentro de esa respuesta creativa está el código para un nuevo y valiente futuro, la hermosa mariposa que espera nacer de la nerviosa oruga.

"Es como Iron Man", aventuró Gotham una mañana, mientras discutíamos la ley de la creatividad.

Me era familiar el nombre sólo porque lo había visto en años recientes anunciando películas de Hollywood, enfundado en un traje al parecer de hierro.

Cuando el audaz, confiado y brillante traficante de armas Tony Stark viaja a Vietman para supervisar algunas tecnologías que utiliza su compañía, las cosas salen muy mal. Explota una bomba y este hecho tiene consecuencias devastadoras. Una esquirla penetra el pecho de Stark y se aloja en su corazón.

En el caos que sigue, un jefe militar vietnamita lo captura. Él salvará su vida si Stark pone a su servicio su increíble talento como ingeniero para desarrollar un arma de destrucción masiva. Si Stark se rehúsa, sin duda le costará la vida. Sin embargo, Tony Stark es un solucionador de problemas. En los casos en que otros ven problemas u obstáculos insuperables, él ve la oportunidad de poner a trabajar su creatividad. Enfrentado con este dilema, Stark opta por iluminar su propio camino. Usa sus habilidades no para construir un arma de destrucción masiva, sino para convertirse en una. Crea un traje de hierro para escapar de su cautiverio y lo hace en una emocionante huida.

Cuando Stark regresa a casa en medio de festejos y vítores, se dedica a crear un elaborado aparato magnético que asegura su supervivencia, aunque esto significa que la esquirla debe quedar alojada en su cuerpo. También juega un poco con su nuevo invento, el traje hecho de hierro. Y ahora se enfrenta a otro dilema: ¿debe mejorar su traje y adaptarle armas? De hacerlo, en verdad sería el señor de las armas más poderoso del mundo, no sólo el más rico. La otra opción era desechar el traje de una vez por todas. Obviamente, escoge la primera opción: se convierte en un poderoso superhéroe cuya única misión es combatir el mal y la injusticia, donde estén. Ha nacido Iron Man.

● ● ●

Al igual que sucede con todas las historias de superhéroes, la de Iron Man es una metáfora exagerada de una forma de ver la propia vida. No tienes que ser un fabricante de armas que se torna en benévolo superhéroe para activar tu creatividad. De hecho, es mucho más fácil que eso. El día de hoy, formúlate una pregunta: "¿Cómo puedo ser útil?".

Ni siquiera tienes que responderla, porque al formularla, al contemplarla, llegarás a la respuesta, que ahora es solamente una posibilidad en el espacio y en el tiempo. Si tu respuesta proviene de un lugar verdaderamente carente de egoísmo, si no esperas nada a cambio (la ley del amor), entonces la respuesta se te revelará y así podrás ver la ley de la creatividad en acción. Participarás en el acto de alquimia (la ley de la transformación) y serás testigo de tu poder para expresar la realidad por medio de decisiones sensatas. Lo que antes era únicamente una posibilidad en el espacio y el tiempo, se manifestará como una realidad en tu vida. "Sal del círculo del tiempo", dice el poeta Rumi, "y entra al círculo del amor."

Como ya hemos visto, la ley de la creatividad es una de las más prácticas que podemos aprender. Enfrentamos retos y obstáculos todos los días. Como sea, al cultivar la creatividad podemos transformar estos obstáculos en soluciones. Para convertirte en un maestro de la creatividad, comprende y activa los siguientes principios:

1. *Decide qué debes eliminar de tu vida.* ¿Qué impide que tu vida tenga mayor calidad? ¿Qué es verdaderamente innecesario en tu vida? Mira tus vivencias con objetividad y comprométete a dejar ir cualquier cosa que te retenga, incluyendo hábitos tóxicos, emociones, relaciones, sustancias y ambientes.

2. *Practica la claridad de visión.* ¿Qué quieres crear? Pregúntate qué es lo que realmente quieres, por qué lo quieres y si en verdad servirá a la humanidad.

3. *Sigue los nueve pasos* para acceder a tu creatividad con diligencia e imparcialidad.

6

LA LEY DE LA INTENCIÓN

La intención es el impulso fundamental que activa toda acción. Como tal, esta ley es el principio activo detrás de todas las demás leyes. Al no estar distraído por la cacofonía y el caos de las propias emociones o las del mundo, los superhéroes son capaces de acceder a la inteligencia colectiva que se revela por medio de confianza, precisión, integridad, energía radiante y carisma.

"*¿Sabes, papá?*", *comenzó Gotham* una mañana mientras bebíamos nuestro café, "tu historia se parece mucho a la del Doctor Strange."

Lo miré desconcertado. ¿Se trataba de un cumplido o de otra cosa?

"¿Conoces la historia del Doctor Strange?", preguntó con curiosidad.

Negué con la cabeza.

"Te la puedo contar si quieres", dijo sonriendo.

De seguro que había planeado esto. Asentí intrigado y dio inicio al relato.

El Doctor Stephen Strange es uno de los médicos más requeridos en el mundo. Es rico y poderoso, un hombre que posee las habilidades quirúrgicas más finas del planeta, a pesar de que en su vida personal es seco y siniestro. Tiene una falla como médico: trata enfermedades sin que le interese el paciente. Para él, todo caso es un misterio esperando a ser resuelto, y el paciente es sólo un testigo colateral.

Pero la carrera meteórica del Doctor Strange se detiene de pronto cuando un accidente causa daño nervioso a sus preciosas manos, dejándolo incapacitado para sostener un escalpelo sin temblar. Usando su fortuna, Stephen viaja por el mundo en busca de curación, hablando con expertos tan afamados y capaces como él en los campos de la medicina y la ciencia. Cuando esa odisea prueba ser inútil, Stephen cambia su enfoque y se dedica a buscar la solución en los ambientes marginales. Busca médicos y otros curanderos que, supuestamente, tienen pócimas extrañas pero eficientes para producir milagros verificables. Pero ni siquiera estas correrías dan el resultado deseado.

Casi quebrado financiera, emocional y espiritualmente, Stephen termina su búsqueda en el Tíbet, donde conoce a un curandero llamado El Antiguo. Así comienza un nuevo viaje para el Doctor Stephen Strange, que lo llevará mucho más lejos que la búsqueda de salud para sus manos. Conocerá un mundo de misterio y revelación, en que la medicina, las amenazas, los milagros y la magia se entretejen. Quienes conocen esta combinación de magia y milagrería tienen una gran responsabilidad. Con su sabiduría e intuición visitará los abismos de la ciencia y la hechicería, además de conocer los misterios de sus verdades a medias. Así, Stephen Strange descubre los poderes de una realidad mística oculta y se convierte en un maestro de la intención. Él es el Hechicero Supremo.

Incluso después del relato de Gotham, no me quedaba muy claro por qué se parecía la historia del Doctor Strange a la mía. Confieso que mi viaje por el mundo de la medicina, la ciencia, el misticismo, el potencial humano y, más importante, la exploración de la conciencia, ha sido una aventura extraordinaria. Mi comprensión de las profundas mecánicas de la conciencia proviene de muchas fuentes, desde la antigua Vedanta de la India a la moderna física cuántica. Mi curiosidad sobre la naturaleza del universo y nuestra relación con él, me ha acompañado desde que tengo memoria. Por eso entré en el campo de la medicina. Y también por eso la dejé. Toda mi vida he vivido bajo el credo de Einstein: "Quiero saber qué piensa Dios, todo lo demás es detalle." Y en ocasiones me he sentido a punto de recibir una revelación similar a la que recibió uno de mis ídolos, el poeta sufí Rumi, quien dijo: "He vivido en el labio de la locura, queriendo conocer las razones. La puerta se abre: he estado llamando a la puerta desde adentro."

En los capítulos precedentes, he intentado delinear las leyes más poderosas que he observado durante mi odisea por comprender la conciencia. Como ya sabes, todas estas leyes parten de un principio básico: la inseparabilidad de todo. Este proceso comienza con la ley de la intención, que no es el poder místico inexplicable que muchos creen, sino una verdadera fuerza de la naturaleza con mecánicas que podemos observar, integrar y practicar en nuestra vida.

La intención es el impulso fundamental que activa toda acción. Todo en la naturaleza está hecho de energía e información, desde un árbol, una flor o una gota de lluvia, hasta un delfín o incluso un ser humano. La diferencia entre estas cosas es la organización de la energía y la información. Incluido en la intención, encontramos al principio organizador que activa la diferenciación. En otras palabras, lo que te separa de un árbol o un delfín no es la sustancia de tu ser —que está conformada de la misma manera, es decir, con oxígeno, hidrógeno, carbono y nitrógeno— sino la manera en que esos elementos han sido dispuestos; y también se diferencian por el catalizador que indujo a la construcción: la intención. También la conciencia te diferencia de todo lo que existe en la naturaleza. El sistema nervioso humano está construido de tal forma que somos conscientes: podemos observar nuestros pensamientos, sentimientos, emociones, creencias, deseos, motivos e instintos. El resultado es la manera en que experimentamos el mundo, y la forma en que realizamos evaluaciones en él. Ningún otro animal del planeta tiene la misma especialización para observar, rumiar o analizar sus pensamientos, sentimientos, emociones, creencias, deseos, motivos e instintos como lo hacemos nosotros. A quienes logran comprender la esencia de estos impulsos y la mecánica detrás de la intención, les espera un gran poder en qué adiestrarse, el poder de la naturaleza misma.

Los superhéroes tienen este poder porque saben cómo usar el poder de la intención. La intención, el libre albedrío y la elección están íntima e inseparablemente ligados. Durante milenios, los filósofos y, más recientemente, los científicos, han discutido sobre si el libre albedrío o el determinismo opera en el ser humano. La verdad es que la mayor parte de la conducta humana muestra poca o ninguna evidencia de libre albedrío.

La mayoría de los humanos se comportan como si fueran un conjunto de reflejos condicionados que se activan por medio de personas y circunstancias, para derivar en resultados previsibles. Si conoces a una persona lo suficientemente bien, sabes exactamente qué botones pulsar para obtener la respuesta que deseas.

De cualquier manera, como se describe líneas arriba, los superhéroes se dan cuenta de que el universo se ha vuelto consciente de su propio ser, y por lo tanto saben que tienen en su interior un poder real porque han roto las cadenas del condicionamiento y las limitaciones. Son libres para elegir y, por lo tanto, intentan hacer realidad cualquier resultado del infinito campo de posibilidades. Los superhéroes están libres de adicciones, apegos e incluso preferencias. Saben que la mejor acción es la que proviene de una decisión consciente.

La intención sutil, la que muestra desapego respecto del resultado, es la más poderosa. La ley de la intención y la ley del poder están íntimamente relacionadas, pues ambas representan los medios de que se vale lo no manifiesto para expresarse. Sin intención no hay poder, y el poder que no es canalizado de manera significativa por la intención es destructivo y puede derivar en la anarquía.

Los superhéroes también comprenden que el resultado deseado obra con sus propios mecanismos. Esto se basa en el principio de que la intención tiene un poder de organización infinito. Ello significa que la intención organiza de modo sincronizado la participación de varias "oleadas de posibilidades", provenientes de un infinito número de posibilidades que producen una realidad específica.

En la teoría de la evolución de las especies, algunas personas se refieren a ella como teleología. Si te adhieres a esta teoría, entonces las jirafas tienen cuello largo debido a que han intentado alcanzar las hojas de los árboles altos. El camello tiene joroba porque trataba de cruzar el desierto con una mínima cantidad de agua. Y las aves tienen alas porque intentaron volar por el cielo.

Al saber que su esencia es igual a la del yo universal, los superhéroes comprenden que sus propias intenciones también le pertenecen al universo. Al poner atención (energía) y luego imbuirla con intención (impulso transformacional) y manifestar sus deseos, los superhéroes entienden el mecanismo que alienta a la naturaleza entera.

Hablando de modo muy práctico, siempre que la gente pone atención a su vida advierte que aumenta en presencia e intensidad. Esto puede ser bueno o malo. A mayor atención, sensatez y sensibilidad en una relación, mayor plenitud, ternura y afecto. La frustración, la resistencia y la tensión pueden hacer que una relación se deteriore, intensificando la rabia, el conflicto y la venganza. Al remover la atención por completo, se genera indiferencia y usualmente se provoca un proceso de decadencia que en última instancia deriva en la muerte. En el caso de las relaciones, la completa indiferencia desintegrará la relación hasta que ésta ya no exista más.

Ahora metamos a la intención en esta operación. La intención es el deseo de conseguir, ya sea sensatez y sensibilidad, o frustración y resistencia en una relación. El tipo de atención que se presta a la relación hace toda la diferencia en cuanto a cómo se desarrollará. La intención es el catalizador transformacional que determina la realidad del futuro. Es lo que permite la manifestación de toda la energía. En otras palabras, la intención en el objeto de atención determina el resultado al activar y orquestar todos los detalles que componen el proceso de transformación. Esta exquisita danza de la conciencia tiene una elegancia oculta. Una oruga hace su capullo, lo que activa el mecanismo de orquestación de su biología y comienza la metamorfosis en mariposa. Toda la naturaleza opera como se ve en esta sinfonía: desde los pájaros que migran con el cambio de estación o las plantas y cosechas que llegan a la madurez en determinado momento del año, hasta los animales que cazan e hibernan en un ciclo estacional particular. Los superhéroes reconocen estas leyes de la naturaleza, las integran a su ser y las utilizan para activar sus propias intenciones y manifestar sus deseos.

Los superhéroes también se percatan de que una intención fuerte en una mente ruidosa es inútil. Es como arrojar una roca grande al mar tempestuoso. No habrá efecto perceptible.

Por otra parte, una intención débil o sutil, casi inconsciente, en una mente calma y quieta es muy poderosa. Es como lanzar una piedrecilla a un estanque tranquilo. Las ondas se verán claramente en su viaje por la superficie del estanque, mientras la piedra se hunde lentamente. Los superhéroes han aprendido a dominar el poder de la intención cultivando intenciones sutiles en una conciencia acallada y centrada. Sus intenciones viajan como ondas en el agua del vasto océano de la conciencia, a través del tiempo y el espacio, viajando por todo el universo y procurando su propia plenitud.

El mantra operativo de los superhéroes es: "ten intenciones sutiles", para luego "dejarlas fluir", permitiendo que el universo se encargue de los detalles. Los obstáculos son meras oportunidades para ser creativos. Esto significa que no debemos perder de vista el resultado esperado, y debemos sentirnos cómodos en la incertidumbre a lo largo del camino. Los superhéroes no tienen que solucionar todos los misterios de la vida, porque ellos mismos *son* los misterios de la vida. Sabiendo esto, los superhéroes aprenden a hacer menos y lograr más, hasta que llega el momento en que logran todo sin necesidad de hacer nada.

En realidad, el poder de la intención es la ley principal para todos los superhéroes, no únicamente para el Doctor Strange. La meta de todos los superhéroes es movilizar las fuerzas del bien para vencer al mal. Aunque la comprensión y perfeccionamiento de las otras leyes espirituales —equilibrio, transformación, poder, amor, creatividad y trascendencia— conforman el cimiento de su conciencia expandida, es la intención la que protege el poder que pone en marcha sus acciones.

Lo que distingue a los superhéroes cuando se trata de intención, es su manera de activarla necesariamente. El Doctor Strange es un hombre de dos mundos, en parte científico y en parte hechicero. Es la sinergia o combinación de estos dos mundos la que se convierte en el laboratorio en que sus poderes se conforman. Cuando se enfrenta a un adversario maligno y necesita utilizar sus poderes, el Doctor Strange los obtiene del invisible mundo de la hechicería, al que accede en cualquier momento, gracias al entrenamiento que le proporcionó su viejo mentor. Este mundo de la hechicería es retratado en los cómics como un lugar de poderosas fuerzas invisibles, en que las leyes de la física se doblan y donde prácticamente cualquier cosa es posible. Con el tiempo, cuando ya está en posesión de sus poderes, el Doctor Strange no necesita de ninguna meditación profunda para llegar al mundo de la hechicería y usar sus poderes. En lugar de ello, más bien existe en nuestro mundo, interactuando con sus hermanos y hermanas superhéroes y superheroínas, enfrentando a sus muchos enemigos, teniendo siempre la capacidad de acceder al mundo de la hechicería cuando lo necesita.

Así funciona propiamente la intención. Cuando comprendes su mecánica y sabes conectarte al infinito campo de conciencia por medio de la reflexión (que puedes refinar mediante la práctica consistente de la meditación), su presencia cubrirá tu vida. Ya no se requiere el ritual, porque el campo de conciencia te acompaña ahora siempre, sin importar dónde estés físicamente. Podrías estar de pie en Times Square, en Nueva York, o en la cima del Monte Everest, o en un costado del universo... lo mismo da. La conciencia está contigo. En esta expansión de silencio, que es infinitamente fértil, plantar la semilla de la intención y cosechar los resultados es un mismo proceso.

Sucede que el mejor ejemplo de lo anterior también es el mejor ejemplo del superpoder más extraordinario que se ha ejercido: la creación del universo mismo. En el evangelio de Juan, se describe así: "En el principio era el Verbo, y el Verbo era con Dios." En las antiguas escrituras indias, se dice algo similar del Señor Brahma (el Creador): "Pronunció la palabra *bhur* y ésta se convirtió en la tierra; luego dijo *bhuvah*, y esta palabra se convirtió en el firmamento; y luego *swar*, que se convirtió en el cielo."

Desde entonces, los superhéroes, desde los dioses griegos hasta Harry Potter, tienen intenciones ocultas en palabras bajo la forma de hechizos, encantamientos, oraciones afirmaciones e incluso maldiciones para activar sus poderes. Cuando Billy Batson dijo la palabra *Shazam*, se transformó en el Capitán Marvel y se le otorgaron superpoderes:

S	Sabiduría de Salomón.
H	Heroismo y fuerza de Hércules.
A	Audacia y vigor de Atlas.
Z	Zeus el poderoso.
A	Arrojo y coraje de Aquiles.
M	Máxima velocidad de Mercurio.

Como resultado, no hay muchas cosas que el Capitán Marvel no pueda hacer. Al igual que todos los superhéroes que tienen el poder de la intención, informan al universo de sus problemas. Y si sus intenciones provienen de un lugar sin egoísmo, orquestarán su propia consecución. El universo se encarga de los detalles.

Todos los superhéroes tienen una profunda atención. Es decir, aunque pueden intentar cosas para el futuro, su atención está siempre en el presente, y ese es un componente indispensable de la manifestación exitosa de la intención. La atención concentrada o profunda implica que, sin importar las emociones, las actividades o cualquier otro suceso, la calidad de la atención es siempre la misma y nunca se diluye. Ni se distrae, ni deambula. Se fija con precisión y enfoque en el resultado deseado. Esto no significa que se trate de algo rígido; de hecho, es justo lo contrario.

Los superhéroes ven cada reto en el camino y al resultado esperado como una oportunidad para ejercer la creatividad, pero nunca pierden de vista el resultado. Saben que el viaje a cualquier destino es variable, y que la agilidad, la creatividad y la objetividad sin juicios conduce al camino del éxito. Pero en el camino mismo, son constantes en la visión de su destino, y nunca olvidan que cada paso pertenece a un contexto más amplio.

Al igual que sucede con la ley del poder, la ley de la intención se revela por medio de la confianza, la precisión, la energía radiante y el carisma. También se manifiesta como honestidad, integridad y autenticidad. Los superhéroes saben que cada palabra que pronuncian en verdad está cargada con el poder de la intención. Eligen sus palabras sabiamente. Y también tienen cuidado al pronunciar palabras con cualidades destructivas. Tienden a reprimir el lenguaje vulgar, pues se trata de palabras cargadas de ira, o redundantes, lo que me recuerda que quizá sea mejor cerrar este capítulo.

Las cualidades pragmáticas de la ley de la intención son extraordinarias. Aprendemos a concentrarnos, a tener propósitos claros, a actuar correctamente y a manifestar la vida que queremos tener. Al practicar esta ley, se nos concede el acceso a la inteligencia de la naturaleza. Nos compele a entender lo que en verdad queremos y nos permite obtenerlo.

● ● ●

Para adquirir maestría en el manejo de este poder, no necesitas forzar de manera consciente la intención. En lugar de eso, pon en práctica las siguientes recomendaciones:

1. *Siembra intención al preguntar amablemente y luego permitir que las respuestas lleguen.* Siéntete tranquilo. Pon atención a tu corazón. Silencia tu mente al seguir tu respiración y luego pregunta: "¿Qué quiero?". Escucha la respuesta, que surge de modo espontáneo, y así has sembrado automáticamente la intención en lo más profundo de la conciencia. No necesitas buscar la respuesta a tu pregunta. Sólo necesitas formular la pregunta y permanecer en quietud y calma por unos

momentos más; luego olvida el asunto. Entonces la vida se mueve por sí sola en dirección a las respuestas. Esto puede suceder por medio de nuevas situaciones, circunstancias, relaciones, encuentros fortuitos o saltos de imaginación, intuición y creatividad. Ésta es la magia de la conciencia.

2. *Nunca siembres intención egoístamente o por la fuerza.* Como un buen jardinero, plantas la semilla al expresar la pregunta, y dejas las cosas en paz esperando escuchar con atención. Los buenos jardineros plantan la semilla y la riegan con agua. No cavan el suelo todos los días para ver cómo van las cosas. Así que tú también has de plantar la semilla en tu corazón para nutrirla con la práctica de la quietud y el silencio, sabiendo que no sólo está plantada, sino que ya está germinando.

3. *Desapégate del resultado.* Los buenos jardineros saben que la semilla germinará cuando el clima lo permita. Lo mismo sucederá con tus intenciones: se manifestarán cuando haya llegado la estación correcta. Toda semilla contiene la promesa de miles de jardines, e igualmente cada pregunta promete millones de manifestaciones. Los superhéroes confían en sí mismos y nunca dudan. Si se presenta la duda, dudan incluso de la duda. El mantra para orquestar el poder de la intención es: "Intenta, desapégate y permite que las cosas fluyan."

7

LA LEY DE LA TRASCENDENCIA

La ley de la trascendencia radica en el ser

mismo de los superhéroes, en donde reside lo

que nos convierte en quienes realmente somos.

La capacidad de acceder a la trascendencia

es el primer paso para conocerte a ti mismo y

alcanzar todo tu potencial. Con esta habilidad,

los superhéroes pueden lograr recogimiento

interior para ir más allá de los pasadizos

secretos y los áticos llenos de fantasmas de la

mente, accediendo así al silencio puro y al ser. Los superhéroes no necesitan ver el mundo, su caos, para luego retirarse de él. En lugar de ello, con la ley de la trascendencia, los superhéroes confrontan el caos y comprenden que son tanto ciudadanos del caos como amos del mismo.

Dado que mi madre era casi devota del dios hindú Rama, los relatos de sus muchas aventuras fueron omnipresentes durante mi etapa de crecimiento en la India. El estatus o nivel de Rama en el vasto panteón de los dioses hindúes es muy alto, porque las personas pueden relacionarse con él. Aunque es divino por su origen, su disposición y actividades diarias son decididamente humanas. Las obligaciones mortales de Rama dominan su extensa mitología, en la que desempeña los papeles de esposo, hermano, padre y líder, además de luchar en cada uno de estos papeles. La épica aventura para rescatar a su esposa, Sita, de las garras del demonio Ravan, es la narración más representativa de su mitología, llena de acción, drama, tragedia, triunfo, fe, fraternidad, amor, romance, traición y más.

Mi historia favorita de Rama es bastante menos espectacular, al menos en la superficie. Tiene lugar cuando Rama es aún niño, el príncipe heredero del reino en que vive. Al ver que su hijo rechaza las responsabilidades que un día heredará, el padre de Rama, el rey, manda al niño al bosque para buscar al gran sabio Vasishta. Él sabe que puede enseñar al niño los modos del mundo. Rama sigue obediente las instrucciones de su padre y, tras varios días cruzando el espeso bosque, encuentra a Vasishta, quien vive en una pequeña cueva y pasa la mayor parte de su tiempo en meditación profunda. Rama reconoce al viejo y se postra frente a él. Humilla la cabeza sumiso y le pide a Vasishta que sea su maestro. El viejo sabio mira al niño y en ese momento advierte que algo divino encarna en él. Se ríe con fuerza y le pide a Rama que se ponga de pie.

"Eres un dios. ¿Qué puede enseñar un viejo como yo a un dios como tú?", pregunta Vasishta.

Rama permanece hincado, pero levanta la cabeza y mira a Vasishta respetuoso. "Por favor, señor, hasta los dioses necesitan maestros. Necesito que me recuerde quién soy."

Vasishta sonríe. Acepta ser el maestro de Rama. Algunos dicen que el diálogo entre Rama y su maestro se extendió durante años; otros hablan de décadas y unos más de siglos. Algunos creen que el diálogo entre los dos continúa, y que la existencia del cosmos mismo es la sustancia de esa conversación.

Existe registro de un fragmento de la conversación. Se trata de una antigua escritura llamada *Yoga Vasishta*. En la cultura occidental, el yoga ha llegado a ser conocido como un ejercicio que demanda equilibrio y flexibilidad, pero el verdadero significado de la palabra es "disciplina espiritual". La meta de toda disciplina espiritual y de los muchos tipos de yoga (bhakti, gyan, kama, karma, etcétera) es el verdadero entendimiento de la conciencia. Así que el *Yoga Vasishta* es en realidad un tratado sobre la naturaleza de la conciencia, bajo la forma de una conversación del dios con su maestro. Es una suerte de manual para Rama, que lo instruye para descubrir su alma y buscar las verdades más profundas de la existencia. Por medio de este manual, literalmente se le recuerda al dios su verdadera identidad, y así llega a conocer la naturaleza de todas las cosas. Quizás el pasaje más famoso del *Yoga Vasishta* sea el que dice: "Soy eso. Eres eso. Todo esto es eso. Sólo eso es." Si en verdad comprendes esas palabras, comprendes todo lo que puede comprenderse.

La ley de la trascendencia reside en la esencia misma de los superhéroes, en nuestra propia esencia. No es precisamente un poder para ejercerse, ni un catalizador que produce algún superpoder exótico. Se trata del cimiento de la naturaleza básica de la existencia, sobre el que se construye todo lo demás. También es la cualidad más espiritual de todas, asunto en el que ahondaremos conforme avance el capítulo.

Owen Reece, un científico más bien *nerd*, crea accidentalmente un superhéroe cuando accede a una realidad paralela conocida como Beyond. Los elementos y las fuerzas de estos dominios comienzan a reunirse alrededor de un solo ser que llegará a conocerse con el nombre de Beyonder. Este "ser de energía" inicialmente está más allá de géneros humanos, del bien y del mal, e incluso del estatus de héroe o villano, pero poco a poco va ganado corporeidad y una conciencia o punto de vista aislado. A pesar de ello, cuando Beyonder comienza a enfrentar los conflictos típicos de los superhéroes

—enfrentamientos con supervillanos o retos que se presentan en el mundo de los humanos— retiene esa conciencia proveniente del más allá, de ese otro mundo, y sus atributos de potencialidad pura, conciencia expandida y guía elevada que lo componen. Esas cualidades trascienden la dualidad y la paradoja que aprisiona a los seres humanos. Por eso, dan a Beyonder un superpoder que se puede calificar como el supremo origen de todos los demás.

La historia de Beyonder me gustó desde el momento en que Gotham me la contó. Y no es sólo que el mismo Beyonder sea una gran metáfora del concepto de trascendencia, sino que su historia está bien tejida alrededor de un experimento fallido. Y es que, precisamente, lo trascendente reside justo en el nexo entre lo espiritual y lo científico.

La realidad cotidiana está integrada por objetos que existen en el espacio y en el tiempo, con distintos límites. Son materiales. No son permanentes. Están sujetos a la decadencia y experimentan el flujo del tiempo lineal, pues se hallan inmersos en relaciones de causa-efecto. Esos objetos son observados por seres conscientes que tienen cuerpos físicos. Los seres conscientes son todas las formas de vida, desde los insectos hasta los seres humanos, que están en lo más alto de la jerarquía. Lo que distingue a los humanos de todos los demás seres vivos es que tenemos sistemas nerviosos que nos permiten ser conscientes de nosotros mismos.

Los superhéroes saben que el nivel material de la existencia es una ilusión, una proyección de los niveles más profundos. Debajo de lo material, está el nivel de la energía. Y bajo el nivel de la energía, el de la más honda inteligencia y la conciencia.

Un pensamiento comienza en la conciencia, se convierte en energía al transformarse en discurso y acción y, por último, se manifiesta como realidad material en la forma de una nueva experiencia en el mundo de la materia.

Como ya hemos visto, los superhéroes saben que los objetos materiales de todo el universo son parte de un campo no integrado de energía que cubre el universo entero. Los cuerpos y mentes de los superhéroes son parte de este campo de energía y, por lo tanto, tienen la habilidad de acudir a su ilimitada reserva de energía, convirtiéndose en seres todopoderosos. El nivel de la existencia bajo el mundo de los objetos y del campo de energía, es el más importante y fuente de toda existencia. Esto, como ya hemos dicho, es el yo. El yo es un campo de conciencia "trascendente", lo que significa que no existe en la dimensión espacio-temporal, es decir, es eterno. El yo no tiene principio ni final en el tiempo, no tiene bordes en el espacio. Conciencia es su verdadero nombre. De la misma forma que el ADN me diferencia en los ojos, nariz, cabello, piel, hígado, bazo, riñones y todas las maravillosas partes del cuerpo; la conciencia también diferencia las partes de nuestra realidad total. Lo que veo, escucho, huelo, pruebo y toco, mis estados de ánimo y emociones, mi conducta e interacciones, y las relaciones que surgen de estas interacciones; todos son aspectos diferenciados de la conciencia. Puede que den la impresión de ser cosas distintas, pero no lo son.

El campo trascendente es también consciente de sí. Es tanto el campo como quien conoce el campo. En este nivel, espacio, tiempo, energía e información se funden en lo que llamamos singularidad. En otras palabras, todo se convierte en uno. Al ser uno, no existen como espacio, tiempo, energía, información y objetos. Existen como posibilidad pura, o potencia pura. Este nivel de la existencia es lo que no se puede medir, todo lo que fue, lo que es y lo que será. Los superhéroes conocen este campo de posibilidades infinitas por ser ser su verdadera identidad; pueden acceder a él en cualquier momento y circunstancia. Los superhéroes hacen esto al permanecer centrados y vivir todas las posibilidades de la vida de manera permanente.

Lo que he descrito arriba en términos un tanto técnicos, se conoce con otro nombre, el de otro superhéroe que, alternativamente, inspira respeto o incomodidad (esto depende de tu punto de vista). Su nombre es Dios. Si piensas que Dios es como una figura paternal que viste un manto blanco y se sienta en las nubes, entonces mi descripción no representará a tu Dios. Si te sientes incómodo con la idea misma de Dios, entonces puedes ajustar las frases diciendo "no causado, no localizado o relación cuántico-mecánica" para identificar este estado trascendente de la conciencia. Se dice que es "no causado" porque no tiene causa eficiente; se dice que no es "localizado" porque trasciende el tiempo y el espacio; se dice que es una relación "cuántico-mecánica" por su muy fundamental nivel de existencia; y se dice que está relacionado porque cada parte de él depende de las otras partes.

No importa cómo lo llames. Se trata del mundo en que los superhéroes acechan; es el mundo en que encontramos los términos e ideas que tratan de hacer accesibles por medio de su anatomía y de su ser. Cuando se hacen bien, los grandes mitos producen grandes metáforas. Y no hay mitos más grandes que los que creamos para nuestros personajes más idealizados, desde Beyonder hasta Batman o Buda, desde Iron Man a Ícaro, de Jean Grey a Jesús.

Jean Grey —un personaje que Gotham compartió conmigo—, pertenece a un grupo especial de superhéroes que, en mi mente, al igual que Beyonder, en verdad "encajan". Jean Grey es una heroína con poderes telepáticos y miembro de los icónicos X-Men. Durante una operación planeada para salvar a los otros miembros de su equipo, que han sido raptados por Centinelas y aprisionados en el espacio exterior, Jean se ofrece como voluntaria para pilotear la nave en que se efectuará el rescate. Aunque la misión es exitosa, Jean Grey no puede soportar la radiación a la que es expuesta durante la escapatoria. A pesar de que está al tanto de su destino mortal, ella se sacrifica para que el equipo sobreviva.

No obstante, cuando está muriendo, aparece una entidad cósmica conocida como Fuerza Phoenix. Jean Grey se funde con esa fuerza. Ya no es ella, sino que adquiere un nuevo nombre en código: Phoenix. En esta nueva personalidad, ella adopta los atributos del cosmos, convirtiéndose en un ser de infinito poder, de conciencia pura y de potencial inacabable. Ya no puede ser contenida en el cuerpo de un ser. Por el contrario, ha intuido la naturaleza de la conciencia misma, la que está más allá del bien y del mal, de lo sagrado y lo profano, de lo divino y lo diabólico. Ella es el equilibrio infinito, eterno, no localizado e indivisible que subyace a todo, que enraíza a cada ser y cosa. Como se dice del mismo Dios en la Santa Biblia, es el "Alfa y Omega, la primera y la última, el principio y el final." O como declara el Señor Krishna en el campo de batalla de Kurukshetra, ella es "inextinguible por virtud del tiempo, la creadora cuyos rostros se muestran en todas direcciones". Los más grandes superhéroes como Jean Grey y Beyonder, contienen piezas de la expansión infinita en su interior. Están en contacto con el dominio de la conciencia, más allá de las medidas y que es potencia pura corporeizada. Su conciencia es conciencia pura, un campo en que caben todas las posibilidades y una creatividad infinita. A partir de este estado del ser, operan con conciencia que no elige, y todas las decisiones que toman están en concierto con el universo. Comprenden que las batallas y luchas que libran contra sus mayores enemigos son conflictos consigo mismos, eterno ir y venir entre la luz y la sombra de su propio ser.

Me doy cuenta de que muchas de las ideas que estoy expresando aquí son eco de las que articulé en capítulos anteriores. No es accidental. La verdad es que las siete leyes de los superhéroes están ligadas de manera estrecha, porque surgen de una premisa única: que la realidad es proyección de una sola inteligencia que subyace a toda la existencia. Vale la pena repetirlo una y otra vez, porque es el principio por medio del cual podemos entender y experimentar todo lo demás. A pesar de que, en efecto, es un acto de agilidad intelectual procesar enteramente la noción de un campo de conciencia infinita del que *todo* emana, la verdad es que ya lo sabías. Tú eres una expresión de dicho campo, y su esencia pulsa incesantemente en ti.

Me gustaría volver a esta revelación por otra ruta, explorando las complejidades de lo trascendente, nuestra manera de reflexionarlo y la forma como nos movemos en él para alcanzar su máxima expresión.

El cuerpo humano puede pensar, tocar el piano, matar gérmenes, remover toxinas y hacer un bebé, todo al mismo tiempo. Y mientras hace eso, está consciente de los ritmos temporales fundamentales que gobiernan la Tierra y el universo. Esos ritmos incluyen los circadianos, que son los pulsos cíclicos que miden los procesos bioquímicos, psicológicos y conductuales de todos los seres vivos que habitan nuestro planeta. También abarcan a los ritmos estacionales, relacionados con el movimiento de translación y las mareas, y conectado a los efectos gravitacionales complejos que el Sol y la Luna (ritmos lunares) y otros cuerpos celestiales ejercen sobre nuestro planeta y sus aguas. Existen al menos cien ritmos de los que hablan los cronobiólogos. Combinados, componen el pulso que anima al cosmos viviente, que respira. Abarcan el movimiento de estrellas y planetas, el paso de las estaciones, el ir y venir de los océanos y todo lo que existe en la naturaleza. Estos ritmos están entretejidos con exquisita correlación. Por ello, la única explicación razonable es la existencia de una inteligencia más profunda que soporta y coordina todo. Existe un conductor de esta sinfonía del cosmos, y se llama lo trascendente.

Este genio supremo que maneja todos los hilos de la existencia, constituye el material del que están hechos los superhéroes (y los supervillanos). Esta inteligencia también reside en ti, y está a la espera de que la identifiques y te relaciones con ella. Te relacionarás con ella por medio de la experiencia sensorial: ver, escuchar, probar y tocar. Mientras lees estas páginas, pon atención a la persona que está leyendo. Ese sonido que acabas de escuchar afuera de la ventana... pregúntate quién lo acaba de escuchar. En el momento mismo que interactúes con el mundo que te rodea, considera a la persona que está interactuando. Ése es el verdadero tú, un soplo de conciencia que toma forma en el mundo.

Una vez que empieces a ver y experimentar el mundo como en verdad es, como el incesante flujo de energía e información, *todo* cambia. En contra de lo afirmado por algunas de nuestras más grandes mitologías, el universo no fue creado "hace mucho tiempo", sino que está siendo constantemente creado y recreado. Los superhéroes tienen la habilidad de resistir la tempestad del cambio para observarlo y obtener de ese cambio poderes que puedan influir en él. Ya hemos revisado algunas de sus leyes (creatividad, poder, intención), pero la habilidad de expresarlas está fundida con la capacidad de echar raíces en el estado trascendente de conciencia.

Llegarás a entender lo trascendente cuando consideres la infinita concurrencia de circunstancias, sincronizaciones, milagros, energías sísmicas inmensas y sucesos cósmicos de proporciones titánicas necesarios para que tenga lugar tu momento presente, tu existencia en este momento y todas las relaciones, experiencias e interacciones que te conforman. Eres el producto y la culminación de todos los momentos previos a éste, eres una especie de vasta conspiración del universo para generar tu existencia. Estamos ante pensamientos muy sorprendentes, y sin embargo, afirman la realidad de tu existencia como una extensión del universo. Si cualquier momento previo a éste hubiera sido diferente, incluso un poco diferente, no existirías tal y como te conoces hoy.

Como ya hemos mencionado, un atributo de lo trascendente es la conciencia de sí mismo. El Señor Krishna, en el campo de batalla de Kurukshetra, lo describe bien cuando dice a su protegida Arjuna: "Voy a darte ojos divinos, y cuando te dé estos ojos divinos verás el mundo como es en verdad." Hemos discutido el hecho de que, aunque todos los seres vivos son una expresión de la conciencia, la capacidad única de los seres humanos para ser conscientes de sí mismos es algo extraordinario, una cualidad de lo trascendente que sólo se expresa por medio de nosotros. Nos hacemos preguntas que ninguna otra especie se formula:

¿Quién soy?

¿Por qué estoy aquí?

¿Tiene mi vida significado y propósito?

¿Qué sucederá conmigo después de la muerte?

¿Existe un Dios? De ser así, ¿me ama?

Por lo regular, este tipo de preguntas se califican como espirituales. Surgen de la existencia de nuestra alma, que es otra manera de llamar a lo trascendente. Y precisamente ahí está el más grande poder de los superhéroes: una íntima conexión con su alma. El alma es el estado de conciencia que subyace a tus sentidos, es el titiritero que mueve los hilos y anima una bolsa de piel y huesos, o las capas y mallas metafóricas que usan los superhéroes. Se trata de esa presencia interna que siempre ha estado en tu interior, cuando eras un bebé, un adolescente, y hasta ahora. Esa presencia es verdaderamente trascendente y ya lo era antes de que nacieras y te sobrevivirá. El nacimiento y la muerte son sólo un paréntesis en la eterna presencia de tu alma, la cual te pertenece en la misma medida que pertenece a los demás. Pertenece al dominio universal del que todos formamos parte.

Tu alma no es una cosa. Es el potencial de todas las cosas. Tu alma, al saber de las correlaciones, es omnisciente. No digo omnisciente en el sentido de acumular información como Wikipedia, sino en el sentido de que es intuitiva. Es la fuente de la intuición, de la intención, de lo visionario, de la imaginación, la creatividad, el significado, el propósito y la toma de decisiones. Tu alma crea con Dios, incluso al coexistir con todas las creaciones de Dios. En suma, el alma es la fuente de la conciencia.

Las tradiciones espirituales de la India dicen que hay siete estados de conciencia. El primero es el de la conciencia del *sueño profundo*. Incluso durante el sueño profundo opera la conciencia. Si, por ejemplo, voy y grito que la casa se está incendiando mientras duermes, te levantarás y correrás. El segundo estado de la conciencia es el *onírico*, en el que también existe un nivel de conciencia. De hecho, construimos una realidad entera cuando estamos inmersos en dicho estado. Por ejemplo, una vez soñé que estaba en Pebble Beach jugando un torneo de golf con Clint Eastwood. Tenía un registro excelente; vencía al señor Eastwood y a todos los demás y podía ganar el trofeo. Luego, cuando desperté por la mañana, me di cuenta de que Clint Eastwood, el trofeo, Pebble Beach, yo y todos los espectadores en el graderío, todo eso era yo. Inventé todo en mi sueño. El mundo onírico es una sombra de la realidad verdadera, sin importar qué tan reales se perciban las cosas.

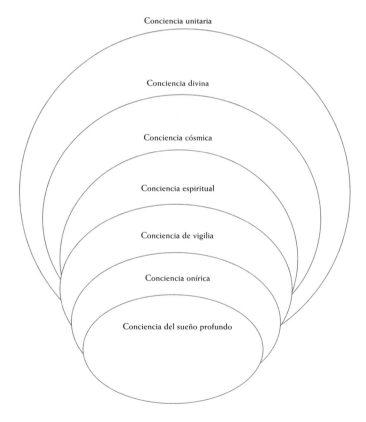

Conciencia unitaria

Conciencia divina

Conciencia cósmica

Conciencia espiritual

Conciencia de vigilia

Conciencia onírica

Conciencia del sueño profundo

El tercer estado es el de *vigilia*. Como sea, si vives tus horas de vigilia inconscientemente, entonces vives en un "sueño despierto". Hay una historia sobre Buda que nos ayuda a comprender el estado de conciencia que debemos tener al estar despiertos. El Señor Buda está muriendo. Su discípulo más devoto, Ananda, viene a él en busca de las últimas perlas de sabiduría de su maestro. Pide a Buda le diga quién es realmente. Al principio, Buda guarda silencio.

Después de un momento, Ananda pregunta: "¿Eres Dios?".

Buda niega ligeramente con la cabeza y responde: "No."

Ananda habla de nuevo. "¿Eres un profeta?".

Buda responde: "No."

Ananda vuelve a inquirir: "¿Eres el Mesías?".

Y de nuevo Buda niega con la cabeza.

Ananda se va frustrando. "Por favor dime quién eres", ruega.

Y Buda dice: "Estoy despierto."

Eso es lo que somos, un campo de conciencia esperando el despertar. Sin embargo, la mayoría de las personas permanecen dormidas, sin conocer su verdadera identidad. Aunque poseen el potencial de ser verdaderos superhéroes, pasan la vida atascadas en el álter ego, el Clark Kent de Supermán.

El cuarto estado es la *conciencia espiritual*. Cuando experimentó su alma por vez primera, Walt Whitman dijo: "Debo estar dormido, pues todo luce diferente a como lucía antes; o tal vez esté despierto por primera vez, y lo anterior fue un mal sueño." En nuestro caso, estamos inmersos en ese mal sueño, y se nos pide que despertemos si queremos seguir en el camino que llevará al descubrimiento de nosotros mismos. Este estado de conciencia nos alerta mostrando que los estados de conciencia anteriores son ilusorios.

En el cuarto estado de la conciencia, comenzamos a sentir la realidad más profunda que dirige al mundo físico. El velo que separa lo físico de lo espiritual comienza a desgarrarse. Así como debemos despertar del estado de sueño para experimentar el estado de vigilia, igualmente debemos despertar nuestra conciencia de vigilia para poder ver nuestro espíritu, nuestro yo interno. Esto se conoce como avistar y estar en contacto con el alma.

El quinto estado de la conciencia es la *conciencia cósmica*. En este estado, tu espíritu puede observar tu cuerpo material. Tu conciencia va más allá de la simple vigilia y del avistamiento de tu alma para volverte alerta y despierto como parte de un espíritu infinito. Esto explica la frase evangélica: "Estoy en este mundo, pero no le pertenezco."

Puedes observar al cuerpo mientras duerme y, simultáneamente, puedes observar el sueño. La misma experiencia tiene lugar en la conciencia cuando estás despierto. Posees dos cualidades al mismo tiempo de la conciencia: la local y la no-local. Tu intuición se incrementa. Tu creatividad aumenta. Lo visionario aumenta. Debido a todo lo anterior, se incrementa la frecuencia de lo que llamamos "coincidencias."

La conciencia cósmica lleva al sexto estado de conciencia, que es la *conciencia divina*. En este estado, el testigo se torna más despierto cada vez. No sólo sientes en ti la presencia del espíritu, sino que empiezas a sentir el mismo espíritu en todos los demás seres. Cuando miras un grano de arroz, no ves un solo grano de arroz, sino también al granjero que lo produjo y a sus ancestros y a sus descendientes, quienes serán parte de la gran conspiración que llevó a la existencia del granjero. También reconoces en ese grano de arroz la luz del sol, la tierra, el agua, el viento y el aire que conspiraron para construirlo: el universo entero se manifiesta en un solo grano de arroz. Al reconocer todo esto, eres capaz de trascender la máscara de la realidad y sentir la presencia de Dios en todas partes. Estando en la conciencia divina, Dios no es difícil de hallar: es imposible evitar a Dios, porque no se puede ir a ningún sitio en que Dios no esté.

Y finalmente, el séptimo estado de la conciencia es la *conciencia unitaria*. Esto se conoce también como "iluminación". El espíritu del receptor y el espíritu de lo que se percibe se funden para conformar uno solo. Cuando esto sucede, ves el mundo entero como una extensión de tu propio ser, reconociendo que sólo hay un testigo de todo y que tú eres ese testigo. En este estado, los milagros son un lugar común, pero ni siquiera son necesarios, porque el reino infinito de las posibilidades está disponible en todo momento. Trasciendes la vida. Trasciendes la muerte. Eres el espíritu que siempre fue y que siempre será.

Hace muchos años, en la India, recuerdo haber presenciado un debate entre el gran maestro Jiddu Krishnamurti y un fundamentalista religioso. Después de un poco de toma y daca, el fundamentalista miró a Krishnamurti y declaró: "¿Sabes? Mientras más te escucho, más me convenzo de que eres ateo."

Krishnamurti se rascó la cabeza y respondió: "Solía ser un ateo hasta que me percaté de que soy Dios."

Esto, por supuesto, molestó al fundamentalista. "¿Así que niegas la divinidad de Krishna [el equivalente hindú de Cristo]?" Krishnamurti negó vigorosamente: "¡No, por Dios! ¡No niego su divinidad, ni la divinidad de nadie!". Éste es el estado que todos buscamos.

La meta última de los superhéroes es alcanzar la unidad de conciencia, no intelectualmente, sino por medio de la experiencia. En esta experiencia se encuentra el poder infinito y la capacidad de curar. Y no hablo únicamente de la capacidad de curar heridas o de corregir lo erróneo (lo que los superhéroes hacen por lo común), sino de parar las fuerzas de la oscuridad para mantener el equilibrio que el cosmos requiere para seguir evolucionando. Los superhéroes hacen esto al dejar de sufrir. Comprenden que hay cinco razones principales por las que existe el sufrimiento:

No conocer la naturaleza esencial de la realidad.

Aferrarse a lo efímero, a lo transitorio, a lo irreal.

Tener miedo de lo efímero, lo transitorio y lo irreal.

Identificarse con la alucinación social llamada ego.

Temer a la muerte.

Hemos hablado de casi todos estos aspectos a lo largo del libro, pero el temor a la muerte puede ser, de hecho, el más palpable y familiar. Todos miramos detrás de nosotros ocasionalmente y vemos al Príncipe de la Muerte acechando. Desde la última vez que miramos, se ha acercado un poco más a nosotros. Todos estamos en espera de la muerte; lo único incierto es cómo se presentará y el tiempo de espera. Así, muchos de nosotros vamos por ahí con este temor fundamental, que es la causa de todos los demás temores: el temor a lo desconocido. ¿Qué pasaría si lo desconocido se volviera conocido para ti? ¿Qué sucedería si trasciendes esta experiencia de separación y llegaras a enterarte de que no hay nada que temer? ¿Qué tal si en verdad te conocieras como realmente eres? ¿Quién serías entonces?

Ahora más que nunca, necesitamos comulgar con nuestro yo trascendente, conectarnos con nuestra alma y abrazar nuestro yo superhéroe. No necesitamos ver el mundo, su caos, ni retirarnos de él; necesitamos confrontarlo como ciudadanos de ese caos y amos del mismo.

En las páginas anteriores, con la ayuda de mi hijo Gotham y por medio del caleidoscopio de nuestros mejores creadores de mitos y superhéroes, he intentado identificar y destacar algunas de las cualidades más importantes que nos permiten alcanzar nuestro máximo potencial. Recomiendo insistentemente que leas y releas estas páginas para refinar tu práctica de estas leyes. Creo que es el camino para un futuro más holístico y poderoso, un mundo que Homero y las mentes semejantes sólo podían soñar.

Al igual que sucede en las páginas de los cómics, la consecuencia de no tratar de conseguir todo nuestro potencial puede ser calamitosa. Cerrar los ojos a la consecución de nuestro potencial y a la realidad de quiénes somos, implica el riesgo de fracturar nuestra alma colectiva. Así que estamos al borde de un Armagedón del alma. Justo en estos tiempos surgen los grandes héroes que curan nuestras heridas colectivas. Ahora sabes que todas las habilidades son una. ¿Serás tú este superhéroe?

La capacidad de acceder a lo trascendente es el primer paso en el camino que lleva a conocerte a ti mismo y a alcanzar todo tu potencial. Es la habilidad de viajar a tu interior, de ir más allá de los pasillos secretos, los callejones oscuros y los áticos fantasmales de la mente para llegar al silencio puro o al Ser. Ser, después de todo, antecede al sentir, pensar y hacer. Para poder "ser" y experimentar el infinito campo de posibilidades, debes cultivar la quietud:

1. *Convierte a la atención en parte de tu vida diaria.* Permanece atento a tu respiración, sensaciones corporales, sonidos, suspiros, formas, colores, sabores y olores. Esto producirá un despertar de tu experiencia sensorial aumentada. La forma más alta de la inteligencia humana es observar sin hacer juicios.

2. *Practica la meditación silenciosa.* La técnica de meditación "so-hum" es una de las más simples y profundas, y puedes aprenderla solo. "So-hum" significa "Soy eso".

Al practicar esta meditación, esencialmente estás recordándote tu nivel básico de existencia. Para llevar a cabo esta meditación debes:

Sentarte en una posición cómoda.

Poner las manos sobre tus muslos con las palmas hacia arriba.

Cerrar los ojos y comenzar a ser testigo de tu respiración.

Observar la inhalación y exhalación sin tratar de controlarlas en manera alguna. (Puede que descubras que tu respiración acelera o desacelera espontáneamente, que se torna más profunda o superficial, o que incluso de pronto haces una pausa al respirar.)

Observa estos cambios sin resistirlos ni anticiparlos.

Cuando tu atención se aparte de tu aliento debido a un sonido ambiental, a una sensación corporal o a una idea, regresa tu atención sin forzarla a tu respiración.

Introduce el mantra "so-hum", que es el mantra del aliento. Naturalmente, el "so" ha de corresponder a tu inhalación y el "hum" a tu exhalación.

De manera gradual y espontánea, tanto el mantra como los pensamientos desaparecerán y experimentarás el estado de la conciencia terrenal.

Sigue con esta meditación por quince o veinte minutos, o durante el tiempo que te sientas cómodo, y luego sal de ella tomándote uno o dos minutos para retornar a la actividad normal.

3. *Sé consciente y establece una relación de intimidad con la naturaleza y con toda entidad viviente en todo momento:* con las hojas y las flores, con los árboles y los animales. Esto no significa que debes entender su biología; sólo debes apreciar la perfecta expresión de las leyes de la naturaleza y la inteligencia en todo lo que te rodea. La naturaleza exhibe las leyes y la inteligencia en acción. Camina por el parque. Ve a pasear por la naturaleza. Es tu fuente. No analices, evalúes, etiquetes, juzgues o describas. Sólo observa y sé. La inteligencia de la naturaleza fluirá a través de ti.

CÓMO ACTIVAR EL CEREBRO DE SUPERHÉROE

Durante los últimos años, se ha producido una explosión de información nueva en el campo de la neuroplasticidad. Los neurocientíficos están descubriendo que nuestros cerebros no son estructuras anatómicas fijas, sino que se trata de procesos continuos e interconectados que integran el flujo de energía y de información en nuestro interior, y entre nosotros y el mundo exterior. Tu manera de pensar, sentir, percibir y relacionarte, influye constantemente y altera la llamada estructura cerebral. La razón por la que la mayoría de la gente parece tener un cerebro estático, es que refuerzan constantemente las conexiones por medio de patrones condicionados de pensamiento y conducta.

Emprendamos una rápida descripción del cerebro:

- El *córtex prefrontal* (la parte frontal de tu cerebro, la que está justo detrás de tu frente) es la parte del cerebro que elabora representaciones de intención y reflexión (entre otras cosas).

- La *corteza cerebral* contiene al córtex somatosensorial, que hace representaciones de la experiencia sensorial. En esta parte se hallan regiones específicas, como el córtex auditivo y el visual, en donde se representan sonidos e imágenes.

- El *córtex motor* del cerebro (justo frente al somatosensorial) es el responsable de ejecutar movimientos voluntarios.
- El *sistema límbico* es el asiento de las emociones.
- El *cerebro reptíleo* o medio, es una extensión bulbar de tu espina dorsal, asiento de todo lo relacionado con la supervivencia, incluyendo las respuestas de lucha o huida, los ciclos de sueño y vigilia, la regulación de la respiración, el equilibrio químico y electrolítico, las necesidades sexuales y otros instintos básicos.

En otras palabras, para cada experiencia, acción, modo de atención e intención, existe una representación en una parte específica del cerebro. Los superhéroes entienden esto: las sensaciones, emociones, imaginación y pensamientos, esculpen y modelan la estructura de los cerebros. Pueden activar partes específicas por medio de la atención consciente de sensaciones, emociones e imágenes. Por lo tanto, saben qué sucede en su vida interior en todo momento, y también saben que no sólo estructura su actividad cerebral, también la refleja en la vida externa. Saben que, en todo momento, el mundo es un reflejo de su propio ser.

Por medio de varios ejercicios mentales y llevando una vida consciente, es posible volver a organizar las conexiones del cerebro entero. Las neuronas que se activan al mismo tiempo están conectadas. Para resumir:

- Sentir gratitud tiene el efecto de estimular tu cerebro límbico y de nutrir emociones que fortalecen los mecanismos de autorreparación y curación. Lleva un diario de la gratitud, o sólo reconoce tus bendiciones al principio o al final de cada día.

• Medita respecto de las actitudes divinas como amor, amabilidad, alegría y ecuanimidad, pues al hacerlo mejoras la capacidad del sistema límbico para curar y crear relaciones saludables.

• Al hacer una revisión mental de tu cuerpo, contribuyes a la estabilidad del sistema somatosensorial.

• Visualizar o imaginar diferentes modalidades sensoriales estabiliza diferentes partes del cerebro, que favorecen las potencialidades y la creatividad dormidas o en desuso.

• El ejercicio físico, incluyendo el acondicionamiento cardiovascular y el entrenamiento con pesas, mejora el funcionamiento general del cerebro.

• El yoga y las artes marciales aumentan la coordinación mente-cuerpo y despiertan la intuición y la creatividad.

• La respiración profunda y consciente rompe las respuestas reactivas.

Llevemos las cosas un paso adelante. Los siguientes ejercicios te permitirán rehacer las conexiones de tu cerebro para ayudarte a vivir una vida inteligente y creativa, con poder de organización y construida sobre valores platónicos como el amor, la bondad, la verdad, la belleza y la evolución. Comienza con una meditación diaria que ayudará a desarrollar el cerebro de superhéroe:

- Siéntate tranquilo en una silla, con los pies firmemente plantados en el suelo y las palmas de las manos sobre tus muslos. Tu espalda debe estar relativamente erecta para poder alargar, literalmente, el flujo de energía que corre por tu cuerpo.
- Cierra los ojos.
- Comienza un conteo mental regresivo que vaya del cien al cero. Cuando te distraigas, retorna al punto en que te quedaste. Puede que escuches sonidos ambientales o tengas sensaciones corporales. Déjalas ir y retoma a tu conteo regresivo.
- Cuando llegues al cero, haz un repaso mental de tu cuerpo: progresivamente, lleva la conciencia a los dedos de tus pies, luego a los pies, tobillos, pantorrillas, rodillas, muslos, caderas, abdomen, pecho, cuello, rostro y cabeza.
- Detente en cada uno de estos lugares por unos momentos y pon atención a las sensaciones que experimentas. Cuando surjan, pregúntate cuál es la historia de estas sensaciones. Hacer la pregunta es suficiente. No necesitas buscar la respuesta.
- Una vez que hayas realizado este escaneo corporal, lleva tu atención a la respiración. Mentalmente pide que se desacelere.
- Después de dos o tres minutos, lleva tu atención al pecho y percibe los latidos de tu corazón, ya sea como sensación o como sonido. Pide a tu corazón que desacelere su ritmo.

- Ahora, manteniendo la conciencia en el corazón, evoca las siguientes emociones, estados o actitudes:

Amor

Alegría

Paz

Ecuanimidad

Armonía

Risa

Exuberancia

Éxtasis

- Puedes "susurrar" mentalmente estos pensamientos a tu corazón. Si se producen imágenes, pon atención.
- Finalmente, manteniendo la conciencia en tu corazón, evoca imágenes de grandes superhéroes que admiras y observa sus hazañas compasivas y heroicas con la imaginación.
- Al terminar, relaja tu cuerpo y abre los ojos.

A lo largo del día, cuando sientas desequilibrio, vuélvete consciente de las sensaciones de tu cuerpo o aliento con los ojos abiertos. Llegado el momento, lleva la atención al corazón y pide que desacelere sus latidos. Recuérdate que estás activando diferentes partes de tu cerebro con sólo prestar atención. Gradualmente, notarás la activación de tu cerebro de superhéroe.

También puedes aumentar tu experiencia sensorial realizando los siguientes ejercicios:

- Practica la meditación "so-hum" durante cinco minutos.
- Imagina diferentes sonidos: un trueno, una cascada, un ladrido, una campana, un disparo, sirenas, llanto infantil. Mientras más imagines los sonidos de la conciencia, más neuronas de tu córtex se activarán juntas y se relacionarán.
- Imagina diferentes sensaciones: tocar una corteza rugosa, una prenda de seda o un suéter de cachemira; excava la tierra con las manos, siente la arena entre los dedos de tus pies cuando camines en la playa. Siente la caricia o el beso de alguien a quien amas. No hay límite para las experiencias mentales posibles.
- Visualiza varias formas y colores: una rosa roja, un atardecer anaranjado, girasoles amarillos, un prado verde, un mar azul y un cielo índigo.
- Experimenta los sabores mentalmente: un limón agrio, fresas maduras, comida china con ajo, helado de chocolate, especias de la India, mostaza, jalapeño, jengibre.
- Experimenta los olores con la mente: una cocina italiana, un bosque de pinos, tu perfume o colonia favorita, el vestidor del gimnasio.

Al realizar los ejercicios arriba sugeridos, estarás cultivando una forma de pensamiento multisensorial. Esto no sólo mejorará tu creatividad e intuición. Hará que tu vida sea más vibrante y estarás alerta a la riqueza y multiplicidad de tu experiencia interior y exterior. Verás que el placer de los sentidos y las experiencias más significativas aparecerán cada vez más en todos los aspectos de tu vida.

Finalmente, he aquí diez principios a observar en tu vida diaria, que también ayudarán a dar forma a tu cerebro, modificando tu percepción y conducta:

* Ante los retos, los superhéroes encuentran la solución acudiendo a su interior.
  Ejercicio: Cuando enfrentes un reto, no reacciones. Detente, ve a tu interior y pregúntate cuál es la oportunidad creativa que se te está presentando. Vive la pregunta hasta llegar a la respuesta.

* Para todo lo que existe, hay un opuesto.
  Ejercicio: Cuando enfrentes una crisis, identifica los factores o cualidades que contribuyen a éste. Concéntrate en lo contrario.

* La percepción de superhéroe escanea el rango entero de la existencia, desde lo ínfimo hasta lo monumental.
  Ejercicio: Mira cualquier objeto como un todo. Acepta que dicho objeto es el universo localizado.

* El superhéroe es independiente de la buena o mala opinión que tengan los demás respecto de él.

Ejercicio: Date cuenta de que sólo el ego piensa en términos de superior e inferior. Al nivel del ser, no estás encima ni debajo de nadie.

• El superhéroe nunca se da importancia.
Ejercicio: Que no te ofenda la conducta de la gente.

• Los superhéroes asumen los problemas del mundo.
Ejercicio: Pregúntate cómo puedes ayudar, cómo puedes servir.

• Los superhéroes siempre están alineados con el impulso evolutivo.
Ejercicio: En toda situación, pregúntate cuál es el bien mayor.

• El superhéroe ejecuta la acción impecablemente, pero está desapegado del resultado.
Ejercicio: Concéntrate en el proceso y no en el resultado.

• El superhéroe es una combinación de acción dinámica y quietud mental.
Ejercicio: Incluso en medio del caos y la turbulencia, debes estar alerta a tus acciones y reacciones.

• El superhéroe es el mejor escucha del mundo.
Ejercicio: Escucha con tu cuerpo. Escucha con tu corazón. Escucha con tu mente. Escucha con tu alma. Nunca juzgues mientras escuchas.

RECOMENDACIONES DE LECTURA PARA SUPERHÉROES

Cualquiera que lee cómics sabe que no hay manera de llegar a una lista de recomendaciones definitiva. Pero, aun así, recomendar es un juego divertido.

A continuación, encontrarás una docena de cómics de superhéroes modernos que tienen algo que decir respecto de las leyes espirituales que los guían. Por favor date cuenta de que esta lista abarca únicamente cómics modernos occidentales, y que no considera el increíblemente prolífico mundo de la ficción gráfica proveniente del resto del mundo, especialmente de Japón.

¿Qué tal una secuela sobre los demás?

Deepak y Gotham Chopra

Wolverine, de Frank Miller y Chris Claremont
Ni siquiera los grandes superhéroes son capaces de contener siempre a su lado sombrío.

Silver Surfer, de Stan Lee y Jack Kirby
El legendario creador de superhéroes, Stan Lee, identificó a Silver Surfer como uno de sus favoritos. Aunque la épica historia del origen de Surfer abarca galaxias y trasciende el tiempo, es su humanidad lo que lo hace único.

Ex Machina, por Brian Vaughn y Tony Harris

Esta historia, posterior al 11 de septiembre, explica la ética, los conflictos y los principios que conlleva el ser un superhéroe, sin mencionar las cuestiones políticas.

Batman: War on Crime, por Paul Dini y Alex Ross

Los más oscuros momentos representan un cruce de caminos entre el auto-empoderamiento y la autoaniquilación.

Superman: Whatever Happened to the Man of Tomorrow?, por Alan Moore y Curt Swan

¿Qué pudo haber destruido al más grande superhéroe del mundo? ¿Será su máxima vulnerabilidad, la kriptonita? ¿O su archienemigo Lex Luthor? ¿O el más peligroso de todos, su propio ego?

X-Men: The Dark Phoenix Saga, por Chris Claremont con Dave Cockrum y John Byrne

Los verdaderos superhéroes trascienden su propia forma física. No sólo acuden al campo de poder infinito y conciencia: se convierten en él.

Hulk: World War Hulk, por Greg Pak y John Romita Jr.

La empatía y el amor tienen el poder de poblar planetas. La venganza destruye galaxias.

The Invincible Iron Man, por Matt Fraction con Salvador Larroca
En un mundo corrupto y conflictivo, la creatividad es el arma más importante.

Spider-Man: Kraven's Last Hunt, por J. M. De Matteis y Mike Zeck
A los superhéroes no los define el rol que desempeñan; lo que está bajo la máscara o disfraz es lo que los convierte en superhéroes.

The Death of Captain Marvel, por Jim Starlin
Resulta irónico ver cómo es la humanidad de un superhéroe que enfrenta la peor de las muertes. Esto es lo que define su mayor superpoder.

All Star Superman, por Grant Morrison con Frank Quietly
Nadie conoce la conciencia cuántica como Supermán.

Strange, por J. Michael Straczynski y Samm Barnes
La línea divisoria entre la ciencia y la hechicería es más delgada de lo que piensas.

Este libro se terminó de imprimir en el mes de
Enero de 2012, en Edamsa Impresiones S.A. de C.V.
Av. Hidalgo No. 111, Col. Fracc. San Nicolás Tolentino C.P. 09850,
Del. Iztapalapa, México, D.F.